읽기만 해도
저절로 외워지는

조이스 박 · 글
영문학과 영어교육학(TESOL)을 전공했으며, 대학에서 교양 영어를 가르친다. 영어 학습서 저술과 영어 교강사 연수 강사로도 활동한다. 박사 세부전공으로 리터러시를 공부했으며, 얼리 리터러시에 관심을 가지고 관련 강연과 교사 연수를 하고 있다. 서울시 교육청, 경북 교육청 및 YBM교사연수원에서 리딩 강의, 고려 사이버대 미래교육원 및 YBM시사주니어 내부 테솔 과정에서 강의하는 등 영어 교육과 관련하여 활발히 활동하고 있다.
지은 책으로 《박스만 채우면 영어회화가 되는 BOX ENGLISH》, 《빨간모자가 하고 싶은 말》, 《내가 사랑한 시옷들》, 《빨강 머리 앤과 함께하는 영어》를 비롯해 10여 권의 영어 학습서와 영어 동화 시리즈가 있으며, 옮긴 책으로 《행복의 나락》, 《달님이 보여준 세상》, 《로버랜덤》, 《2가지 언어에 능통한 아이로 키우기》, 영어 동화 <리드 얼라우드> 시리즈, 《나의 첫 번째 행성 이야기》 등이 있다.

김지원 · 그림
일러스트레이터, 작가이자 패키지 디자이너, 아트디렉터 등으로 활동하며 다양하고 폭넓은 디자인을 선보이고 있다. 또한 캐릭터 제작, 무대 및 소품 디자인, 공연 홍보, 웹진 제작 등 다방면에서 활발히 활동 중이다. LG애드 광고대상을 받았으며, 저서로는 《사랑하기 딱 좋은 날》, 《내 친구 도비》, 《날아라 번개맨》 등이 있다.

읽기만 해도 저절로 외워지는

초등 영단어 ①

초판 1쇄 인쇄 2022년 2월 15일
초판 1쇄 발행 2022년 2월 21일

글 조이스 박
감수 Andrea Schnitzer
그림 김지원
펴낸이 박수길
펴낸곳 (주)도서출판 미래지식
편집 김아롬, 박선영, 이수정, 이혜진
디자인 프리즘씨 | 오현정, 전다혜, 이소희, 이슬

주소 경기도 고양시 덕양구 통일로 140 삼송테크노밸리 A동 3층 333호
전화 02)389-0152
팩스 02)389-0156
홈페이지 www.miraejisig.co.kr
전자우편 miraejisig@naver.com
등록번호 제2018-000205호

ISBN 979-11-91349-38-2   64740
      979-11-91349-37-5 (세트)

* 미래스쿨은 미래지식의 학습 브랜드입니다.

읽기만 해도 저절로 외워지는

초등 필수! 영단어

1

미래스쿨

머리말

　어떻게 하면 영어 단어를 쉽게 외워서 필요할 때 잘 꺼내어 쓸 수 있을까요? 이런 고민은 영어를 학습하는 학생들뿐만 아니라 영어를 가르치는 선생님들과 또 영어를 어떻게 하면 잘 가르칠지 연구하는 학자들 모두 오랫동안 고민해온 문제입니다.

　우리나라에서 영어 단어를 공부하는 방법으로 가장 많이 알려진 것은 단어 목록을 만들어서 줄줄이 암기하는 방법입니다. 영어 교육 전문가들이 '바이링구얼 워드 리스트(bilingual word list)'라고 부르는 이 방법은 표를 그려서 한 줄은 영어 단어를 쓰고, 그다음 줄에는 한국어 뜻을 한두 개 쓴 후 한 번에 10개에서 30개까지 달달 외우는 것입니다. 그리고 몇 개나 외웠는지 단어 시험으로 확인하는 방식이지요.

　이런 방식의 단어 암기는 여러 문제가 있습니다. 바로 새로운 단어를 장기 기억에 넣어서 학습으로 연결시켜 주는 게 아니라 작동 기억만 훈련한다는 점입니다. 학습이 일어나려면 단어는 장기 기억 속으로 들어가야 합니다. 즉, 단어를 외우고 며칠 혹은 몇 주 후에 같은 단어를 다시 봤을 때 그 단어를 알고 있어야 한다는 뜻이지요. 하지만 이 방식은 지독하게도 효율이 낮은 방식이기도 하고, 학습자에게 쓸데없이 많은 수고와 고통을 주다 못해 영어가 싫어지게 만들기도 합니다. 단어 스무 개를 외운 직후에 시험이나 연습 문제를 풀고 열다섯 개 이상 맞추었다고 해도 아무런 소용이 없는 것은 시간이 지나면 불과 서너 개 밖에 머리 속에 남아 있지 않기 때문입니다. 그렇다면 또 반복해서 외우게 하면 된다는 선생님들도 있지만, 저는 학습을 그렇게 고통스러운 체험으로 만들고 싶지는 않습니다.

　어린이 영어 학습에서 가장 중요한 포인트는 지금 영어를 얼마나 잘하느냐가 아닙니다. 바로 어린이가 영어를 얼마나 좋아하고 영어 학습을 즐거워 하느냐입니다. 어린이 영어 교실에서 가장 중요한 건 'success experience(성공하는 체험)'입니다. 어린이들은 영단어 퀴즈를 잘 맞추거나, 게임을 잘하거나, 율동을 잘하는 등의 활동을 통해 영어 교실에서 긍정적인 체험을 쌓아 나가며 영어가 즐겁고 재미있다는 것을 알아야 합니다. 그렇게 되면 영어는 자연스럽게 학습됩니다.

　영어 교육 연구자들이 말하는 단어 학습에 가장 효과적인 방법은 단어들을 주제별 단위로 묶어서 어린이들이 체험하게 하는 것입니다. 즉, 단어들이 들어간 재미있는 이야기를 활용해 아이들이 이야기의 문맥을

이해하며 단어를 자연스럽게 익히고, 흥미로운 스토리를 통해 머리 속 장기기억 안으로 별다른 수고 없이 쏙쏙 들어가게 하는 방법입니다.

《읽기만 해도 저절로 외워지는 초등 영단어1》은 이런 스토리텔링 학습법을 통해 어린이들이 이야기를 읽기만 해도 단어가 저절로 외워지는 효율적인 학습이 가능하도록 구성했습니다. 완이라는 개구쟁이 남자아이를 주인공으로 한 네 컷 만화에서는 완이의 친구와 가족 등 다양한 인물들이 등장하며 일상생활에서 일어나는 다양한 상황을 그렸습니다. 그리고 그 이야기 안에는 키워드 영단어가 들어 있어서 어린이들은 만화를 읽기만 해도 자연스럽게 주요 영단어와 친숙해집니다. 반복적으로 노출된 영단어는 연습 문제들을 통해 다시 한번 읽고 쓰면서 효과적으로 익힐 수 있습니다.

네 컷 만화에서 부족한 스토리는 '완이의 일기'를 통해 좀 더 재미있게 풀었습니다. 이를 통해 우리가 사용하는 우리말과 영어의 깊이 있는 뉘앙스를 자연스럽게 구분할 수 있고, 일상에서 영단어를 활용할 수 있는 힘을 키워 줍니다.

이 책은 교육부에서 지정한 초등학교 필수 영단어를 하루에 다섯 개씩, 30일 동안 150개의 어휘를 학습할 수 있도록 구성했습니다. 주요 단어 외에도 함께 알아두면 좋은 단어 120개와 문장에 활용한 기타 단어들까지 합하면 300여 개의 단어를 익힐 수 있습니다. 이처럼 즐거운 방법으로 어휘를 익히는 방법을 깨우치면, 앞으로 멀리 또 오래 걸어야 하는 영어 학습의 여정은 아주 든든해집니다. 이 책으로 영어 단어를 공부하는 모든 어린이에게 다정한 눈짓과 미소를 보냅니다. 부디 영어를 신나게 즐겨 주세요.

지은이 **조이스 박**

읽기만 해도 저절로 외워지는 초등 영단어

이렇게 구성했어요

① 스토리로 기억하는 신나는 암기법

영어 스펠링과 단어의 뜻을 쓰며 달달 외우는 학습은 힘들고 지루한 학습 방법입니다. 또, 그렇게 외운 단어는 오래 기억하기도 힘듭니다. 반면, 재미있는 스토리를 통해 단어를 접한다면 더욱 효과적으로 오래 기억할 수 있습니다. 이야기로 만난 영어 단어는 자연스럽게 그 뜻을 알 수 있으며, 단어를 접할 때면 이야기가 연관되어 힘들이지 않고 기억할 수 있습니다.

② 문장 속 단어를 익혀 활용도를 높이기

단어를 많이 알고 있다고 해서 그 단어를 잘 사용할 수 있는 것은 아닙니다. 단어와 뜻만 안다고 영어 문장을 구사할 수는 없기 때문입니다. 이 책은 이야기의 문맥을 이해하여 단어의 뜻과 함께 어떤 상황에서 사용하는지 그 쓰임도 익힐 수 있게 구성했습니다. 이처럼 단어의 쓰임을 알아야 회화에서도 리딩에서도 단어를 적극적으로 활용할 수 있습니다.

③ 신나고 재미있는 영어의 첫걸음

처음 영어를 배우는 아이들이 영어는 외울 게 많은 힘든 과목이라고 생각한다면, 영어 실력이 향상되기는 어렵습니다. 초등학생이 흥미를 갖고 몰입할 수 있는 학습법을 활용해 영어는 즐거운 학습이라는 것을 알려 줘야 합니다. 이 책은 친근한 캐릭터들이 등장해 재미있는 이야기를 들려주듯 학습을 유도합니다. 무엇보다 단순 암기는 최대한 줄이고, 이야기를 읽고 상황을 이해하는 방식으로 단어를 체화하는 학습법을 강조했습니다.

④ 초등 필수 영단어 300여 개 수록

영어를 막 시작한 초등학생들이 꼭 알아야 할 필수 영단어를 5종 교과서를 바탕으로 선정해 담았습니다. 필수 영단어를 익히면 학교 영어 과목에 자신감이 생기고, 외운 단어가 기초가 되어 심화 학습이 가능합니다. 이 책을 통해 매일 5개씩 영단어를 익히면 30일동안 150개의 필수 영단어를 익힐 수 있습니다. 더욱이 함께 알아두면 좋은 단어 등도 같이 익히면 모두 300여 개 이상의 단어를 공부할 수 있습니다.

우리 가족을 소개해요

완이
Hi! 만나서 반가워, 친구들!
난 궁금한 것도, 하고 싶은 것도, 먹고 싶은 것도
정말 많은 초등학생이야. 늘 신나고 재미있는 일을 찾아
다니며 호기심을 불태우고 있어. 이번 학기에는 영단어를
확실하게 공부해볼까 해. 어때, 나와 함께하지 않을래?

완이 엄마

우리 엄마는 때로는 친구 같고
때로는 누나 같은 귀여운 분이셔.
가끔 하염없이 우수에 젖기도 하고,
내가 말썽부릴 때는 울트라 초특급
액션 괴물로 변하기도 하지만,
언제나 우리 가족을 사랑하셔!

완이 아빠

우리 아빠의 직업은 배우야.
음, 믿을 수 없다고?
배우라고 해서 꼭 멋있게 생길 필요는
없잖아? 쉬는 날이면 우리를 위해
열심히 요리도 해 주시는 멋쟁이 아빠야!

써니

내 하나뿐인 여동생 써니는 그림
그리는 것과 노래 부르는 것을 좋아해.
커서 아이돌 가수가 되고 싶다는데,
그 낮은 가능성에 도전하는
그녀의 용기에 박수를!

할머니와 할아버지

소녀 같은 우리 할머니와
언제나 허허 웃으시는 우리 할아버지!
두 분을 생각하면 항상 마음 한 곳이 뭉글뭉글해져.
엄마에게 혼날 위급한 순간이 오면,
항상 우리 편을 들어주신다니까!

호야

내 소꿉친구 호야는 평소에 조용하고
수줍음이 많아. 가끔 무슨 생각을
하는지 알 수 없는 표정을 짓지만,
나에게는 언제나 친절한 미소를 보내 줘.

멍뭉이

반려견 멍뭉이는 내가 부르면
콧방귀를 뀌며 쳐다보지도 않아.
아마도 나를 자기의 애완동물쯤으로
생각하는 것 같아. 그래도 내가
사랑하는 우리 가족이야!

준이

놀이터 친구 준이는
나랑 제일 친한 친구야.
가끔 멍한 표정으로
나를 깜짝 놀라게 하는
특별한 재능이 있지.

이렇게 활용하세요

STEP 1

재미있는 만화를 읽으며 단어를 확인해요.
QR 코드를 찍으면 원어민의 목소리로
만화 내용을 들을 수 있어요.

STEP 2

만화 속에 나온
단어들의 뜻을
이미지와 함께 확인해요.

주요 단어를
원어민의 발음으로
들어 봐요.

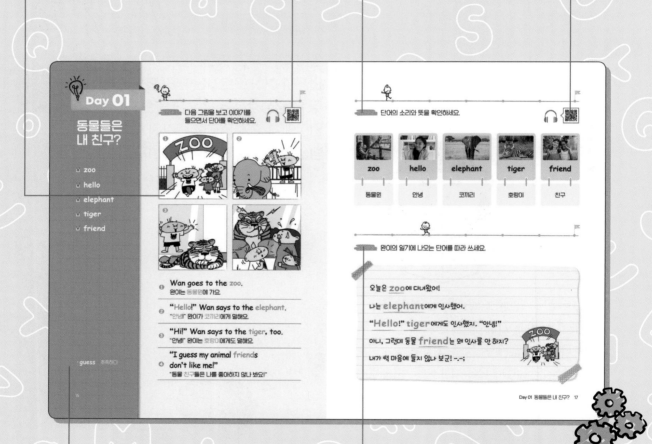

회화에서 자주 쓰이는
그밖의 단어도 확인해요.

STEP 3

한글과 영어를 함께 사용하기 좋아하는 완이의 일기를
통해 자연스럽게 문맥 속 단어의 뜻과 맥락을 이해해요.
재미있게 일기를 읽으며 영단어를 따라 써요.

STEP 4

빈칸을 채우면서 단어의 철자를
정확하게 익혀요.

STEP 6

이야기의 흐름을 되새기며
단어를 써 봐요.

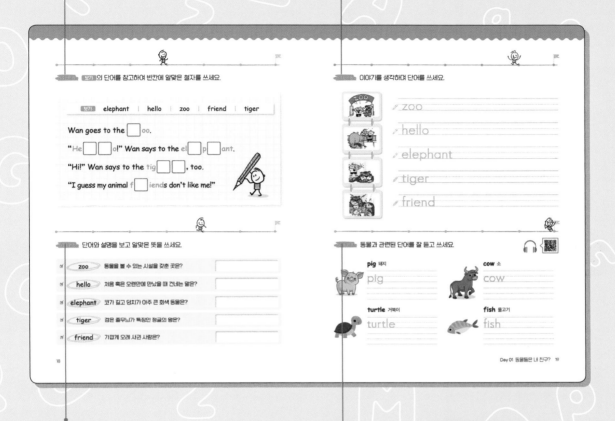

STEP 5

수수께끼를 풀듯이 단어 뜻을 알아맞히는 문제를
통해 단어의 뜻을 다양한 방향에서 생각해요.

STEP 7

중요 단어와 관련 있는
단어들을 함께 알아두며
학습 영역을 넓혀요.

5일간 공부한 단어들을
복습하며 다시 한번 익혀요.

저절로 학습 계획표

Day 01 ~ Day 10

Day 01

동물들은 내 친구?

- ☑ zoo
- ☑ hello
- ☑ elephant
- ☑ tiger
- ☑ friend

STEP 1 다음 그림을 보고 이야기를 들으면서 단어를 확인하세요.

① **Wan goes to the zoo.**
완이는 동물원에 가요.

② **"Hello!" Wan says to the elephant.**
"안녕!" 완이가 코끼리에게 말해요.

③ **"Hi!" Wan says to the tiger, too.**
"안녕!" 완이는 호랑이에게도 말해요.

④ **"I guess my animal friends don't like me!"**
"동물 친구들은 나를 좋아하지 않나 봐요!"

· **guess** 추측하다

16

STEP 2 단어의 소리와 뜻을 확인하세요.

zoo	**hello**	**elephant**	**tiger**	**friend**
동물원	안녕	코끼리	호랑이	친구

STEP 3 완이의 일기에 나오는 단어를 따라 쓰세요.

오늘은 **zoo**에 다녀왔어!

나는 **elephant**에게 인사했어.

"**Hello!**" **tiger**에게도 인사했지. "안녕!"

아니, 그런데 동물 **friend**는 왜 인사를 안 하지?

내가 썩 마음에 들지 않나 보군! -.-;

보기 의 단어를 참고하여 빈칸에 알맞은 철자를 쓰세요.

보기 elephant | hello | zoo | friend | tiger

Wan goes to the [ ]oo.

"He[ ][ ]o!" Wan says to the el[ ]p[ ]ant.

"Hi!" Wan says to the tig[ ][ ], too.

"I guess my animal f[ ]iends don't like me!"

STEP 5 단어와 설명을 보고 알맞은 뜻을 쓰세요.

☑ (zoo)   동물을 볼 수 있는 시설을 갖춘 곳은?   [   ]

☑ (hello)   처음 혹은 오랜만에 만났을 때 건네는 말은?   [   ]

☑ (elephant)   코가 길고 덩치가 아주 큰 회색 동물은?   [   ]

☑ (tiger)   검은 줄무늬가 특징인 정글의 왕은?   [   ]

☑ (friend)   가깝게 오래 사귄 사람은?   [   ]

STEP 6 이야기를 생각하며 단어를 쓰세요.

zoo

hello

elephant

tiger

friend

STEP 7 동물과 관련된 단어를 잘 듣고 쓰세요.

pig 돼지

pig

cow 소

cow

turtle 거북

turtle

fish 물고기

fish

Day 02

특별한 소리를 내요

- ☑ toy
- ☑ car
- ☑ bus
- ☑ train
- ☑ ship

다음 그림을 보고 이야기를 들으면서 단어를 확인하세요.

❶ "Vroom vroom," goes the toy car.
장난감 차가 "부릉 부릉" 해요.

❷ "Honk honk," goes the toy bus.
장난감 버스는 "빵 빵" 해요.

❸ "Choo choo," goes the train.
"Toot," goes the ship.
기차는 "칙칙폭폭" 해요. 배는 "뚜우" 해요.

❹ "Blaaarp," goes Dad⋯. "Eeek! Dad!"
아빠는 "뿌웅" 해요⋯. "웩! 아빠!"

toy

장난감

car

자동차

bus

버스

train

기차

ship

배

STEP 3 완이의 일기에 나오는 단어를 따라 쓰세요.

내 **toy**는 저마다 재밌는 소리가 나.

car는 '부릉!', **bus**는 '빵 빵!'

train은 '칙칙폭폭!', **ship**은 '뚜우!'

그런데 우리 아빠도 잘 내는 소리가 있지.

바로 '뿌웅!' 하는 방귀 소리, 웩!

보기 의 단어를 참고하여 빈칸에 알맞은 철자를 쓰세요.

보기   ship | train | toy | car | bus

"Vroom vroom," goes the to☐ ca☐.

"Honk honk," goes the toy b☐s.

"Choo choo," goes the ☐☐ain.

"Toot," goes the ☐☐ip.

STEP 5 단어와 설명을 보고 알맞은 뜻을 쓰세요.

☑	toy	아이들이 가지고 노는 여러 가지 물건은?	
☑	car	석유를 연료로 하여 엔진의 힘으로 달리게 만든 탈것은?	
☑	bus	많은 사람이 함께 타는 대형 차는?	
☑	train	여객차나 화차를 끌고 다니는 철도 차는?	
☑	ship	사람이나 짐을 싣고 물 위를 떠다니는 탈것은?	

STEP 6 이야기를 생각하며 단어를 쓰세요.

toy

car

bus

train

ship

STEP 7 탈것과 관련된 단어를 잘 듣고 쓰세요.

truck 트럭

truck

taxi 택시

taxi

bike 자전거, 오토바이

bike

van 승합차

van

Day 03

차고, 치고, 쏘고, 굴리자!

- ☑ soccer
- ☑ ball
- ☑ baseball
- ☑ shoot
- ☑ roll

STEP 1 다음 그림을 보고 이야기를 들으면서 단어를 확인하세요.

❶ In soccer, they kick the ball.
축구에서는, 공을 차요.

❷ In baseball, they hit the ball.
야구에서는, 공을 쳐요.

❸ In basketball, they shoot the ball.
농구에서는, 공을 쏘아요.

❹ In Wan's house, Wan rolls the ball.
완이네 집에서는, 완이가 공을 굴려요.

단어의 소리와 뜻을 확인하세요.

soccer

축구

ball

공

baseball

야구

shoot

쏘다

roll

굴리다

STEP 3 완이의 일기에 나오는 단어를 따라 쓰세요.

soccer에서는 ball을 멋지게 차요!

baseball에서는 야구 배트로 공을 정확하게 치고,

농구에서는 손으로 공을 shoot!

나는 엄청나게 멋지게 공을 roll!

앗, 화분이 엎어졌네!

STEP 4 보기 의 단어를 참고하여 빈칸에 알맞은 철자를 쓰세요.

보기   roll | shoot | baseball | soccer | ball

In so☐☐er, they kick the ☐all.

In bas☐ball, they hit the ball.

In basketball, they s☐☐ot the ball.

In Wan's house, Wan ☐olls the ball.

STEP 5 단어와 설명을 보고 알맞은 뜻을 쓰세요.

☑ soccer   주로 발로 공을 차서 상대편의 골대에 넣는 경기는? ☐

☑ ball   던지거나 치거나 굴릴 수 있는 둥근 물건은? ☐

☑ baseball   던진 공을 배트로 치며 승패를 겨루는 경기는? ☐

☑ shoot   활이나 총, 공 등을 발사하는 모습은? ☐

☑ roll   바퀴처럼 돌면서 옮겨 가는 모양은? ☐

STEP 6 이야기를 생각하며 단어를 쓰세요.

🖉 soccer

🖉 ball

🖉 baseball

🖉 shoot

🖉 roll

STEP 7 운동과 관련된 단어를 잘 듣고 쓰세요.

 basketball 농구

basketball

  volleyball 배구

volleyball

 **tennis** 테니스

tennis

 **badminton** 배드민턴

badminton

Day 04

엄마 얼굴이 빨개지면

- ☑ cloud
- ☑ black
- ☑ play
- ☑ face
- ☑ sorry

STEP 1 다음 그림을 보고 이야기를 들으면서 단어를 확인하세요.

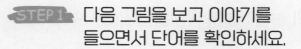

❶ The clouds are black.
구름이 까매요.

❷ And it will rain soon.
그리고 금세 비가 오겠어요.

❸ Now Wan's new clothes are dirty.
He played in the rain.
지금 완이의 새 옷이 지저분해요. 빗속에서 놀았거든요.

❹ Mom's face is red. "Sorry, Mom."
엄마의 얼굴이 빨개요. "죄송해요, 엄마."

28

STEP 2 단어의 소리와 뜻을 확인하세요.

cloud

구름

black

검정의, 검정

play

놀다

face

얼굴

sorry

미안한

STEP 3 완이의 일기에 나오는 단어를 따라 쓰세요.

하늘에 **cloud**가 **black**이야.

내가 좋아하는 비가 와!

비 맞고 **play**하는 건 재미있는데, 옷이 너무 지저분해져.

그러면 엄마 **face**가 빨개져서 무서워….

sorry, 엄마. ^-^;;

보기의 단어를 참고하여 빈칸에 알맞은 철자를 쓰세요.

보기   black | play | cloud | sorry | face

The clo⬜ds are bl⬜ck.

He pla⬜ed in the rain.

Mom's fa⬜e is red.

"Sor⬜y, Mom."

단어와 설명을 보고 알맞은 뜻을 쓰세요.

☑ cloud   하늘 위에 뭉게뭉게 떠 있는 하얀 물체는?   ⬜

☑ black   검은 빛깔이나 물감은?   ⬜

☑ play   놀이나 재미있는 일을 하며 즐겁게 지내는 것은?   ⬜

☑ face   눈, 코, 입이 있는 머리의 앞면은?   ⬜

☑ sorry   남에게 마음이 편치 못하고 부끄러운 감정은?   ⬜

STEP 6 이야기를 생각하며 단어를 쓰세요.

✎ cloud

✎ black

✎ play

✎ face

✎ sorry

STEP 7 사람의 감정과 관련된 단어를 잘 듣고 쓰세요.

tired 피곤한

tired

shy 부끄러워하는

shy

surprised 놀란

surprised

sad 슬픈

sad

Day 05

공부하기 싫어요

- ☑ son
- ☑ brother
- ☑ student
- ☑ want
- ☑ study

· **where** 어디에

STEP 1 다음 그림을 보고 이야기를 들으면서 단어를 확인하세요.

① **Wan** is a **son** and **brother**.
완이는 아들이고 오빠예요.

② **Wan** is a friend to Hoya.
완이는 호야에겐 친구이고요.

③ **Wan** is a **student**.
"**Where** are you going?"
완이는 학생이에요. "어디 가니?"

④ "I don't **want** to **study**!"
나는 공부하는 거 원하지 않아요!"

son

아들

brother

오빠, 형, 남동생

student

학생

want

원하다

study

공부하다

STEP 3 완이의 일기에 나오는 단어를 따라 쓰세요.

나는 엄마에겐 귀여운 **son**이지!

써니에게는 하나뿐인 **brother**이고.

학교에서는 **student**이지만,

study하는 건 **want**하지 않아.

정말이지, 딱 도망가고 싶은 심정이라고!

보기　want　|　brother　|　student　|　study　|　son

Wan is a s◻n and bro◻◻er.

Wan is a stud◻nt.

"I don't w◻nt to st◻dy!"

STEP 5　단어와 설명을 보고 알맞은 뜻을 쓰세요.

☑	son	자식 중에 남자로 태어난 아이는?	
☑	brother	나이가 많거나 어린 남자 형제를 이르는 말은?	
☑	student	학교에 다니며 공부하는 사람은?	
☑	want	무엇을 바라거나 하고자 하는 것은?	
☑	study	학문이나 기술을 배우고 익히는 일은?	

STEP 6 이야기를 생각하며 단어를 쓰세요.

✏ son

✏ brother

✏ student

✏ want

✏ study

STEP 7 가족과 관련된 단어를 잘 듣고 쓰세요.

daughter 딸

daughter

sister 여동생, 언니, 누나

sister

aunt 이모, 고모
aunt

uncle 삼촌

uncle

Review TEST 1

TEST 1 다음 사진에 어울리는 단어를 바르게 연결하세요.

o elephant

o ship

o ball

TEST 2 다음 상자에서 뜻에 알맞은 단어를 찾고 철자를 쓰세요.

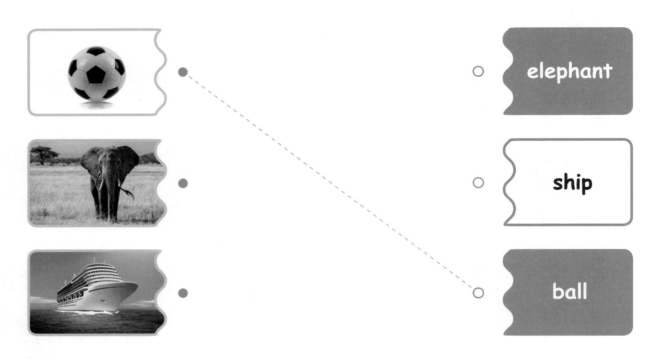

cblackerbabzooabusa

버스	검정의, 검정	동물원
b<u>us</u>	b ＿＿＿＿	z ＿＿

TEST 3 다음 단어에 알맞은 뜻에 동그라미하세요.

cloud

해 | (구름)

shoot

쏘다 | 차다

hello

잘가 | 안녕

play

놀다 | 자다

sorry

고마운 | 미안한

friend

친구 | 선생님

TEST 4 다음 사진에 알맞은 단어의 철자를 순서대로 쓰세요.

ludoc

c <u>loud</u>

ccosre

s _ _ _ _ _

rteig

t _ _ _ _

TEST 5 다음 단어에 어울리는 사진과 뜻을 바르게 연결하세요.

sorry

toy

roll

장난감

미안한

굴리다

TEST 6 빈칸에 들어갈 단어를 보기 에서 골라 넣으세요.

보기   study | student | brother | want | son

나는 엄마에겐 귀여운 son이지!

써니에게는 하나뿐인 brother이고.

학교에서는 _____ 이지만,

_____ 하는 건 _____ 하지 않아.

정말이지, 딱 도망가고 싶은 심정이라고!

TEST 7 이야기를 생각하며 다음 문장에 어울리는 단어에 동그라미하세요.

1 In soccer, they kick the   (ball) | doll   .

2 In   basketball | baseball   , they hit the ball.

3 "Vroom vroom," goes the   car | ship   .

4 "Choo choo," goes the   bus | train   .

TEST 8 다음 상자에서 사진에 어울리는 단어를 찾아서 묶으세요.

1

2

3

4

a	b	v	p	u	w	f	q
j	f	a	c	e	x	r	u
t	s	b	n	a	y	i	d
k	o	e	l	r	q	e	e
z	o	o	a	a	o	n	n
h	g	s	k	i	c	d	z
h	e	l	l	o	r	k	g

Day 06

나비
대신 벌

- ☑ butterfly
- ☑ fly
- ☑ catch
- ☑ flower
- ☑ bee

STEP 1 다음 그림을 보고 이야기를 들으면서 단어를 확인하세요.

① A **butterfly** is **fly**ing.
Wan wants to **catch** the butterfly.
나비가 날고 있어요. 완이는 나비를 잡고 싶어요.

② It sits on a **flower**.
나비는 꽃에 앉아요.

③ It flies away.
나비는 멀리 날아가요.

④ Wan catches a **bee**. "Ouch!"
완이는 벌을 잡아요. "아야!"

STEP 2 단어의 소리와 뜻을 확인하세요.

butterfly

나비

fly

날다

catch

잡다

flower

꽃

bee

벌

STEP 3 완이의 일기에 나오는 단어를 따라 쓰세요.

오늘은 꼭 **butterfly**를 잡을 테다!

flower에 앉아 있는 나비를 조심스레 **catch**!

앗, 놓쳤다! 놀란 나비가 멀리 **fly** 하네.

그렇다면 **bee**라도 잡아 볼까?

아야! 벌은 나비보다 성질이 고약하군!

보기의 단어를 참고하여 빈칸에 알맞은 철자를 쓰세요.

보기 fly | flower | butterfly | bee | catch

A butter [ ][ ]y is [ ][ ]ying.

Wan wants to [ ]atch the butterfly.

It sits on a flow [ ][ ].

Wan catches a b [ ][ ].

STEP 5 단어와 설명을 보고 알맞은 뜻을 쓰세요.

☑ butterfly 두 쌍의 날개로 나풀나풀 날아다니는 곤충은?

☑ fly 공중에 떠서 다른 위치로 움직이는 동작은?

☑ catch 손으로 붙들고 놓지 않는 행동은?

☑ flower 꽃받침과 꽃잎 등으로 이루어진 식물은?

☑ bee 무리 지어 생활하며 꿀을 좋아하는 곤충은?

STEP 6 이야기를 생각하며 단어를 쓰세요.

🖉 butterfly

🖉 fly

🖉 catch

🖉 flower

🖉 bee

STEP 7 곤충과 관련된 단어를 잘 듣고 쓰세요.

mosquito 모기

mosquito

ladybug 무당벌레

ladybug

spider 거미

spider

dragonfly 잠자리

dragonfly

Day 07

잠자기 싫어요

- ☑ night
- ☑ moon
- ☑ sky
- ☑ star
- ☑ child

❶ It is night. I see the moon in the sky.
밤이에요. 하늘에 달이 보여요.

❷ I see the stars in the sky, too.
하늘에 별들도 보여요.

❸ It's time to go to bed.
A good child should go to bed early.
잘 시간이에요. 착한 어린이는 일찍 자야 한대요.

❹ I don't want to be a good child!
나는 착한 어린이가 되기 싫은데!

- **go to bed** 자다
- **early** 일찍

44

단어의 소리와 뜻을 확인하세요.

night

밤

moon

달

sky

하늘

star

별

child

어린이

STEP 3 완이의 일기에 나오는 단어를 따라 쓰세요.

오늘은 유난히 아름다운 **night**야.

sky에는 **star**와 **moon**이 떠 있네?

나의 이런 기분을 아는지 모르는지

엄마는 착한 **child**는 일찍 자야 한대.

근데, 꼭 착한 어린이가 되어야 하는 거야?

보기의 단어를 참고하여 빈칸에 알맞은 철자를 쓰세요.

보기   moon | star | night | child | sky

It is nigh☐. I see the m☐☐n in the ☐ky.

I see the s☐ars in the sky, too.

A good ☐☐ild should go to bed early.

STEP 5 단어와 설명을 보고 알맞은 뜻을 쓰세요.

☑ **night**   해가 진 이후부터 다음 날 해가 떠서 밝아지기 전까지는?   ☐

☑ **moon**   커졌다, 작아졌다 하며 밤하늘을 밝게 비추는 위성은?   ☐

☑ **sky**   땅 위에 해, 달, 별들이 있는 곳은?   ☐

☑ **star**   밤하늘을 수놓으며 반짝반짝 떠 있는 것은?   ☐

☑ **child**   나이가 어린 사람은?   ☐

이야기를 생각하며 단어를 쓰세요.

night

moon

sky

star

child

STEP 7 잠과 관련된 단어를 잘 듣고 쓰세요.

pillow 베개

pillow

bedroom 침실

bedroom

blanket 이불

blanket

pajamas 잠옷

pajamas

Day 08

어른이 되면

- ☑ grandma
- ☑ grow
- ☑ fruit
- ☑ pretty
- ☑ work

· **so** 매우, 아주
· **grow up** 성장하다

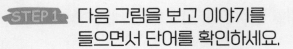

STEP 1 다음 그림을 보고 이야기를 들으면서 단어를 확인하세요.

① **Grandma grows fruit.**
할머니는 과일을 키워요.

② **She talks to them. "You're so pretty!"**
할머니는 과일들에게 말도 하세요. "너희 참 예쁘다!"

③ **"I don't want to grow up." "Why?"**
"난 자라고 싶지 않아요." "왜?"

④ **"Adults work. I don't like working."**
"어른들은 일하잖아요. 저는 일하기 싫어요."

STEP 2 단어의 소리와 뜻을 확인하세요.

grandma

할머니

grow

~을 키우다

fruit

과일

pretty

예쁜

work

일하다

STEP 3 완이의 일기에 나오는 단어를 따라 쓰세요.

grandma가 직접 grow한 과일은 정말 맛있어!

할머니는 fruit에게 pretty 하다고 말해 주면

훨씬 잘 자란다고 해. 할머니는 나한테도

자주 예쁘다고 하시는데, 나도 빨리 크면 어쩌지?

어른이 되면 종일 work만 해야 하잖아!

보기 의 단어를 참고하여 빈칸에 알맞은 철자를 쓰세요.

보기   fruit | grandma | work | pretty | grow

Gran☐ma ☐rows fru☐t.

"You're so pr☐tty!"

"Adults wo☐k."

STEP 5   단어와 설명을 보고 알맞은 뜻을 쓰세요.

☑ grandma	부모의 어머니를 가리키는 말은?	
☑ grow	보살피고 돌보아 기르는 일은?	
☑ fruit	나무 등에서 열리는, 사람이 먹을 수 있는 열매는?	
☑ pretty	생긴 모양이 아름다워 눈으로 보기 좋은 것은?	
☑ work	무엇을 이루기 위해 몸을 움직이거나 머리를 쓰는 행동은?	

이야기를 생각하며 단어를 쓰세요.

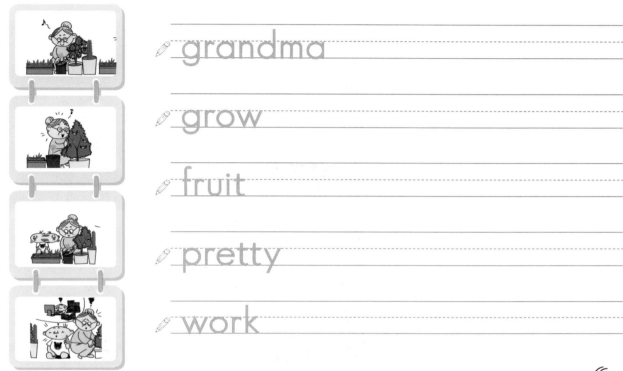

✏ grandma

✏ grow

✏ fruit

✏ pretty

✏ work

STEP 7 과일과 관련된 단어를 잘 듣고 쓰세요.

grape 포도

grape

strawberry 딸기

strawberry

tomato 토마토

tomato

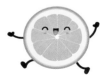
orange 오렌지

orange

Day 09

벌레는 싫어요

- ☑ grass
- ☑ wind
- ☑ touch
- ☑ hair
- ☑ bug

· lying 누워 있는

STEP 1 다음 그림을 보고 이야기를 들으면서 단어를 확인하세요.

① **Wan is lying in the grass.**
완이가 풀밭에 누워 있어요.

---

② **"Hmm, good! Wind is touching my hair!"**
"음, 좋다! 바람이 내 머리카락을 만지고 있어!"

---

③ **"There's a bug in your hair!"**
"오빠 머리에 벌레가 있네!"

---

④ **"Aargh, I really don't like bugs!"**
"으악, 난 벌레가 정말 싫어!"

grass

풀밭

wind

바람

touch

만지다

hair

머리카락

bug

벌레

STEP 3 완이의 일기에 나오는 단어를 따라 쓰세요.

푸릇푸릇한 **grass**에 누우면

살랑살랑 불어오는 **wind**가

내 **hair**를 살며시 **touch**하지.

근데 이건 너무 간지러운데?

으악! 난 **bug**가 세상에서 제일 싫다고!

보기 의 단어를 참고하여 빈칸에 알맞은 철자를 쓰세요.

보기   wind | hair | touch | grass | bug

Wan is lying in the g ☐ ☐ ss.

"Wi ☐ ☐ is tou ☐ ☐ ing my ha ☐ r!"

"There's a b ☐ g in your hair!"

STEP 5 단어와 설명을 보고 알맞은 뜻을 쓰세요.

☑ grass   여러 가지 풀이 덮인 땅은?

☑ wind   살랑이거나 쌩쌩 불기도 하는 공기의 움직임은?

☑ touch   손을 대어 여기저기 닿는 행동은?

☑ hair   머리에 난 털은?

☑ bug   개미와 벌 같은 동물을 통틀어 이르는 말은?

STEP 6 이야기를 생각하며 단어를 쓰세요.

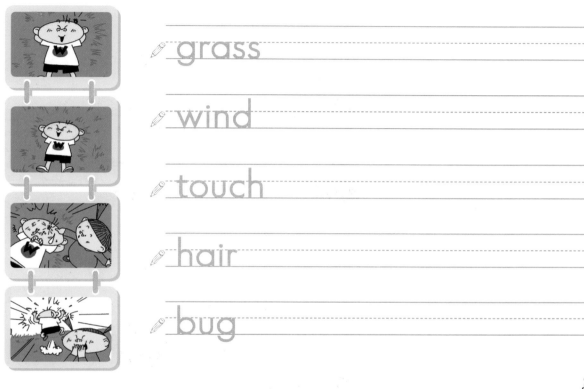

grass

wind

touch

hair

bug

STEP 7 동작과 관련된 단어를 잘 듣고 쓰세요.

 **stand** 서다

stand

 sit 앉다

sit

 **walk** 걷다

walk

 come 오다

come

Day 10

정직한 아이

- ☑ palace
- ☑ house
- ☑ cap
- ☑ king
- ☑ honest

❶ "This is my palace!" "This is our house."
"이건 내 궁전이다!" "이건 우리 집이잖아."

❷ "This is my crown!" "That is your cap."
"이건 내 왕관이다!" "그건 오빠 모자야."

❸ "I'm the king!" "You're my brother."
"나는 왕이다!" "내 오빠잖아!"

❹ "You are no fun!" "I'm an honest child."
"너는 재미가 없어!" "나는 정직한 아이지."

단어의 소리와 뜻을 확인하세요.

palace

궁전

house

집

cap

모자

king

왕

honest

정직한

STEP 3 완이의 일기에 나오는 단어를 따라 쓰세요.

오늘은 내가 **king**이 될 거야!

여긴 나만의 **palace**이고, 난 멋진 **crown**을 썼다! 하하하!

"오빠, **house**에서 **cap** 쓰고 뭐 하는 거야?"

하…, 내 동생 쎄니 때문에 팍 김샜어!

넌 너무 **honest**하구나!

보기 의 단어를 참고하여 빈칸에 알맞은 철자를 쓰세요.

보기   king | palace | house | honest | cap

"This is my pal ☐☐ e." "This is our hou ☐ e."

"That is your ☐ ap."

"I'm the kin ☐ !"

"I'm an hon ☐ st child."

STEP 5 단어와 설명을 보고 알맞은 뜻을 쓰세요.

☑ palace	왕이 사는 곳은?	
☑ house	사람이나 동물이 살기 위해 지은 건물은?	
☑ cap	햇빛을 가리거나 멋을 위해 머리에 쓰는 물건은?	
☑ king	왕국을 다스리는 우두머리는?	
☑ honest	마음에 거짓이나 꾸밈이 없이 바르고 곧음은?	

STEP 6 이야기를 생각하며 단어를 쓰세요.

✐ palace

✐ house

✐ cap

✐ king

✐ honest

STEP 7 동화 속 왕국과 관련된 단어를 잘 듣고 쓰세요.

knight (중세의) 기사

knight

kingdom 왕국

kingdom

guard 경비대, 보초

guard

dragon 용

dragon

Review
TEST 2

다음 사진에 어울리는 단어를 바르게 연결하세요.

○ butterfly

○ star

○ bug

다음 상자에서 뜻에 알맞은 단어를 찾고 철자를 쓰세요.

touchhonesteawindku

정직한	만지다	바람
h<u>onest</u>	t _ _ _ _ _	w _ _ _

TEST 3 ┌ 다음 단어에 알맞은 뜻에 동그라미하세요.

night	**catch**	**pretty**
낮 | 밤	잡다 | 놓다	미운 | 예쁜

grow	**king**	**fly**
~을 멈추다 | ~을 키우다	왕 | 왕자	기다 | 날다

TEST 4 ┌ 다음 사진에 알맞은 단어의 철자를 순서대로 쓰세요.

eclpaa	seuoh	srgas
p<u>alace</u>	h _ _ _ _	g _ _ _ _

TEST 5 다음 단어에 어울리는 사진과 뜻을 바르게 연결하세요.

bee

cap

child

벌

어린이

모자

TEST 6 빈칸에 들어갈 단어를 보기 에서 골라 넣으세요.

보기   grandma | work | pretty | grow | fruit

grandma 가 직접 _____ 한 과일은 정말 맛있어!

할머니는 _____ 에게 _____ 하다고 말해 주면

훨씬 잘 자란다고 해. 할머니는 나한테도 자주 예쁘다고 하시는데,

나도 빨리 크면 어쩌지? 어른이 되면 종일 _____ 만 해야 하잖아!

TEST 7 ☞ 이야기를 생각하며 다음 문장에 어울리는 단어에 동그라미하세요.

1   A   butterfly | grass   is flying.

2   I see the stars in the   sun | sky   .

3   It sits on a   flower | butter   .

4   It is night. I see the   moon | sun   in the sky.

TEST 8 ☞ 다음 상자에서 사진에 어울리는 단어를 찾아서 묶으세요.

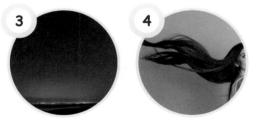

a	b	v	p	u	w	m	n
j	f	a	x	i	x	d	i
a	s	l	n	a	y	o	g
k	m	o	o	n	q	c	h
j	o	b	a	w	o	w	t
h	g	s	k	i	e	y	z
i	h	a	i	r	d	r	g

읽기만 해도
저절로 외워지는

초등 영단어

Day **11** ~ Day **20**

Day 11

어디서 봤더라?

- ☐ boy
- ☐ pants
- ☐ girl
- ☐ skirt
- ☐ run

· who 누구
· in ~을 입은
· remember 기억하다
· should ~해야 한다

STEP 1 다음 그림을 보고 이야기를 들으면서 단어를 확인하세요.

❶ Who is the boy in blue pants?
파란 바지 입은 남자아이가 누구더라?

❷ Who is the girl in a pink skirt?
분홍 치마를 입은 여자아이는 누구더라?

❸ Oh, I remember!
아, 기억난다!

❹ I should run!
달아나야겠다!

boy	pants	girl	skirt	run
남자아이	바지	여자아이	치마	뛰다

STEP 3 완이의 일기에 나오는 단어를 따라 쓰세요.

오늘 길에서 파란 **pants**를 입은 **boy**랑

분홍 **skirt**를 입은 **girl**을 마주쳤는데

왠지 낯이 많이 익더라고.

지난번에 둘이 부딪쳐서 넘어졌는데

그때 내가 깔깔대며 웃었던 게 생각이 났어.

이럴 때 전속력으로 **run**하는 게 최고!

보기의 단어를 참고하여 빈칸에 알맞은 철자를 쓰세요.

보기   pants | boy | run | skirt | girl

Who is the bo☐ in blue pant☐?

Who is the gi☐l in a pink ski☐t?

I should r☐n!

STEP 5 단어와 설명을 보고 알맞은 뜻을 쓰세요.

☑ boy   어른은 아니지만 아기도 아닌 남성은?

☑ pants   두 다리를 꿰어 아랫도리에 입는 옷은?

☑ girl   어른은 아니지만 아기도 아닌 여성은?

☑ skirt   가랑이가 없이 하나로 이어진 아랫도리 옷은?

☑ run   빨리 달려가는 동작은?

STEP 6 이야기를 생각하며 단어를 쓰세요.

> boy

> pants

> girl

> skirt

> run

STEP 7 의류와 관련된 단어를 잘 듣고 쓰세요.

dress 드레스, 원피스

dress

clothes 의복

clothes

hat 모자

hat

shirt 셔츠

shirt

Day 12

비가 좋아요!

- ☐ song
- ☐ rain
- ☐ go
- ☐ hate
- ☐ like

STEP 1 다음 그림을 보고 이야기를 들으면서 단어를 확인하세요.

❶ **Sunny sings a song. "Rain, rain, go away!"**
써니가 노래를 해요. "비야, 비야, 멀리 가!"

❷ **Wan sings, too. "Rain, rain, Come again!"**
완이도 노래해요. "비야, 비야, 또 오렴!"

❸ **"I hate your song!"**
"나는 오빠 노래가 싫어!"

❹ **"I like rainy days!"**
"나는 비 오는 날이 좋은 걸!"

song
노래

rain
비

go
가다

hate
싫다

like
좋다

STEP 3 완이의 일기에 나오는 단어를 따라 쓰세요.

내 동생 써니는 비를 정말 **hate**해!

비한테 **go**하라고 **song**까지 한다니까.

하지만 **rain**이 오면 물웅덩이에서 장난도 치고,

우산을 들고 춤도 출 수 있어.

나는 비를 정말 **like**해!

보기 rain | go | hate | like | song

Sunny sings a s☐ng. "Rain, rain, g☐ away!"

"Rain, r☐☐n, Come again!"

"I hat☐ your song!"

"I ☐ike rainy days!"

STEP 5 단어와 설명을 보고 알맞은 뜻을 쓰세요.

☑ song	음악을 목소리로 부르는 것은?	
☑ rain	하늘에서 땅으로 떨어지는 물방울은?	
☑ go	다른 곳으로 장소를 이동하는 행동은?	
☑ hate	불편하고 마음에 들지 않는 감정은?	
☑ like	마음에 들고 만족할 만한 감정은?	

STEP 6 이야기를 생각하며 단어를 쓰세요.

🖉 song

🖉 rain

🖉 go

🖉 hate

🖉 like

STEP 7 비와 관련된 단어를 잘 듣고 쓰세요.

rainy 비 오는

rainy

rainbow 무지개

rainbow

raincoat 우비

raincoat

rain boots 장화

rain boots

Day 13

완이 곰은 배고파!

- ☐ bear
- ☐ fat
- ☐ slim
- ☐ cute
- ☐ hungry

· daddy 아빠
· mommy 엄마

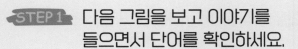

STEP 1 다음 그림을 보고 이야기를 들으면서 단어를 확인하세요.

❶ "Daddy bear is fat."
"아빠 곰은 뚱뚱해."

❷ "Mommy bear is slim."
"엄마 곰은 날씬해."

❸ "Baby bear is cute."
"아기 곰은 귀여워."

❹ Wan sings, too. "Boy bear is hungry!"
완이도 노래해요. "남자아이 곰은 배고파!"

STEP 2 단어의 소리와 뜻을 확인하세요.

bear

곰

fat

뚱뚱한

slim

날씬한

cute

귀여운

hungry

배고픈

STEP 3 완이의 일기에 나오는 단어를 따라 쓰세요.

bear 세 마리가 한 집에 있어.

아빠 곰은 fat해.

엄마 곰은 slim해.

아기 곰은 너무 cute해.

그리고 완이 곰은 hungry하지!

보기 의 단어를 참고하여 빈칸에 알맞은 철자를 쓰세요.

보기 fat | hungry | bear | cute | slim

"Daddy b☐ar is f☐t."

"Mommy bear is ☐lim."

"Baby bear is c☐te."

"Boy bear is hu☐☐ry!"

STEP 5 단어와 설명을 보고 알맞은 뜻을 쓰세요.

☑ bear   깊은 산에 살며 갈색 털이 난 덩치 큰 동물은? _____

☑ fat   살이 쪄서 몸이 옆으로 퍼진 모습은? _____

☑ slim   몸이 가늘고 매끈하게 긴 모습은? _____

☑ cute   예쁘고 애교가 있어 사랑스러운 모습은? _____

☑ hungry   배 속이 비어 음식이 먹고 싶은 상태는? _____

STEP 6 이야기를 생각하며 단어를 쓰세요.

🖉 bear

🖉 fat

🖉 slim

🖉 cute

🖉 hungry

STEP 7 동물과 관련된 단어를 잘 듣고 쓰세요.

lion 사자

lion

kangaroo 캥거루

kangaroo

owl 부엉이

owl

penguin 펭귄

penguin

Day 14

이기는 게 중요해

- ☐ hand
- ☐ hit
- ☐ feet
- ☐ kick
- ☐ mouth

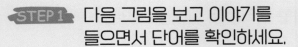

STEP 1 다음 그림을 보고 이야기를 들으면서 단어를 확인하세요.

❶ **"Hands** are not for **hitting."**
"손은 때리라고 있는 게 아니야."

❷ **"Feet** are not for **kick**ing."
"발은 걷어차라고 있는 게 아니야."

❸ **"Mouths** are not for crying."
"입은 울라고 있는 게 아니야."

❹ **"Then, how can I win?"**
"그러면, 어떻게 이겨요?"

- **cry** 울다
- **how** 어떻게

78

STEP 2 단어의 소리와 뜻을 확인하세요.

hand

손

hit

때리다

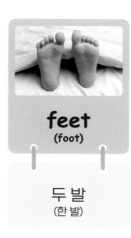

feet
(foot)

두 발
(한 발)

kick

차다

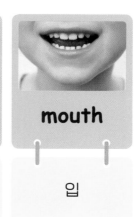

mouth

입

STEP 3 완이의 일기에 나오는 단어를 따라 쓰세요.

엄마의 잔소리가 또 시작되었어!

hand로 아무도 **hit**하면 안 되고,

feet로 **kick**해도 안 되고,

mouth로 큰소리로 울어서도 안 된다고 하셔.

그러면 싸움에서

내가 어떻게 이기냐고!

보기 의 단어를 참고하여 빈칸에 알맞은 철자를 쓰세요.

보기 hit | hand | kick | mouth | feet

"H☐nds are not for hi☐ting."

"F☐☐t are not for kic☐ing."

"Mou☐☐s are not for crying."

단어와 설명을 보고 알맞은 뜻을 쓰세요.

☑ hand   사람의 팔목 끝에 달린 부분은?

☑ hit   손이나 손에 든 물건으로 세게 치는 행동은?

☑ feet   사람의 다리 끝에 달린 부분은?

☑ kick   발을 힘껏 뻗어서 치는 듯한 모습은?

☑ mouth   우리 몸에서 음식을 먹는 신체 기관은?

STEP 6 이야기를 생각하며 단어를 쓰세요.

✏ hand

✏ hit

✏ feet

✏ kick

✏ mouth

STEP 7 신체 부위와 관련된 단어를 잘 듣고 쓰세요.

nose 코

nose

foot 한 발

foot

cheek 볼, 뺨

cheek

lip 입술

lip

Day 15

극장에서 주의할 점

- ☑ theater
- ☑ out
- ☑ entrance
- ☑ bed
- ☑ shoes

· take off 벗다

STEP 1 다음 그림을 보고 이야기를 들으면서 단어를 확인하세요.

① Wan is in the movie **theater.**
완이는 극장에 있어요.

② "Don't go **out** through the **entrance.**"
"들어오는 입구를 통해 밖으로 나가지 마십시오."

③ "The theater seat is not your **bed.**
Don't take a nap."
"극장 의자는 침대가 아닙니다. 주무시지 마십시오."

④ "Don't take off your **shoes.**"
"신발을 벗지 마십시오."

단어의 소리와 뜻을 확인하세요.

theater

극장

out

밖으로

entrance

입구

bed

침대

shoes

신발

STEP 3 완이의 일기에 나오는 단어를 따라 쓰세요.

theater에서 주의사항!

극장에서는 들어오는 entrance로

out하면 안 돼.

의자가 bed인 줄 알고 코를 골고 자거나

shoes를 벗고 의자에 발을 올리면 안 된다고!

보기 의 단어를 참고하여 빈칸에 알맞은 철자를 쓰세요.

보기   shoes | bed | theater | out | entrance

Wan is in the movie t[ ]eater.

"Don't go o[ ]t through the [ ]ntrance."

"The theater seat is not your be[ ]."

"Don't take off your [ ][ ]oes."

STEP 5 단어와 설명을 보고 알맞은 뜻을 쓰세요.

☑ theater   공연이나 영화를 상영하는 곳은?

☑ out   어떤 선이나 금을 넘어선 쪽은?

☑ entrance   들어가는 통로는?

☑ bed   사람이 누워 잘 수 있는 가구는?

☑ shoes   걷거나 설 때 발에 신는 물건은?

STEP 6 이야기를 생각하며 단어를 쓰세요.

theater

out

entrance

bed

shoes

STEP 7 집에 있는 물건과 관련된 단어를 잘 듣고 쓰세요.

television 텔레비전

television

desk 책상

desk

sofa 소파

sofa

table 탁자

table

TEST 1 다음 사진에 어울리는 단어를 바르게 연결하세요.

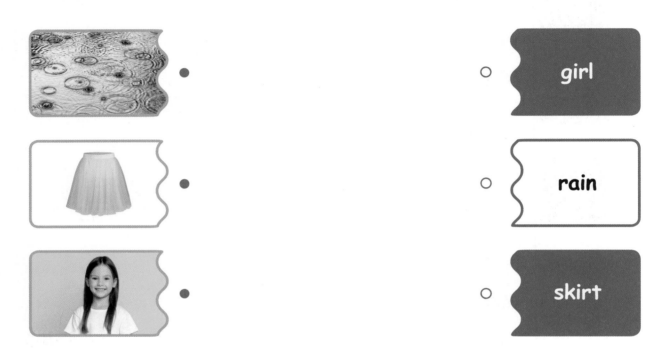

girl

rain

skirt

TEST 2 다음 상자에서 뜻에 알맞은 단어를 찾고 철자를 쓰세요.

apboycdbearefrun

남자아이	곰	뛰다
b**oy**	b___	r__

TEST 3 다음 단어에 알맞은 뜻에 동그라미하세요.

go	hate	theater
가다 | 오다	싫다 | 좋다	침실 | 극장

like	kick	fat
싫다 | 좋다	차다 | 잡다	뚱뚱한 | 날씬한

TEST 4 다음 사진에 알맞은 단어의 철자를 순서대로 쓰세요.

tsapn

p_ants_

hgnruy

h _ _ _ _ _

onsg

s _ _ _

TEST 5 다음 단어에 어울리는 사진과 뜻을 바르게 연결하세요.

feet

cute

hand

귀여운

손

두 발

TEST 6 빈칸에 들어갈 단어를 보기 에서 골라 넣으세요.

보기   bed | out | theater | shoes | entrance

theater에서 주의사항!

극장에서는 들어오는 entrance로 _____ 하면 안 돼.

의자가 _____ 인 줄 알고 코를 골고 자거나

_____ 를 벗고 의자에 발을 올리면 안 된다고!

TEST 7 이야기를 생각하며 다음 문장에 어울리는 단어에 동그라미하세요.

1   Daddy bear is   fat   small   .

2   Mommy bear is   slim   cute   .

3   Hands are not for   kicking   hitting   .

4   Don't take off your   song   shoes   .

TEST 8 다음 상자에서 사진에 어울리는 단어를 찾아서 묶으세요.

a	b	v	p	u	w	n	m
j	m	c	k	t	x	d	p
m	b	o	y	a	l	o	e
k	t	r	u	n	q	c	b
j	o	h	a	t	f	m	a
h	g	s	v	u	h	y	z
i	k	i	c	k	r	y	g

Day 16

엄마, 뭐 하세요?

- ☐ **Saturday**
- ☐ **cook**
- ☐ **kitchen**
- ☐ **living room**
- ☐ **bathroom**

STEP 1 다음 그림을 보고 이야기를 들으면서 단어를 확인하세요.

It's **Saturday**.
❶ Dad is **cooking** in the **kitchen**.
토요일이에요. 아빠는 부엌에서 요리하고 있어요.

❷ Wan and Sunny are playing in the **living room**.
완이랑 써니는 거실에서 놀아요.

Mom is in the **bathroom**.
❸ "Mom, what are you doing?"
엄마는 욕실에 있어요. "엄마, 뭐 해요?"

❹ "Don't ask!"   "묻지 마!"

90

STEP 2 단어의 소리와 뜻을 확인하세요.

Saturday

토요일

cook

요리하다

kitchen

부엌

living room

거실

bathroom

옥실

STEP 3 완이의 일기에 나오는 단어를 따라 쓰세요.

오늘은 신나는 Saturday!

아빠는 kitchen에서 cook.

나랑 동생은 living room에서 놀지요!

그런데 엄마? bathroom에서 언제 나와요?

아참, 중요한 순간에 말을 걸면 안 되는데!

보기의 단어를 참고하여 빈칸에 알맞은 철자를 쓰세요.

보기　kitchen ｜ Saturday ｜ bathroom ｜ cook ｜ living room

It's Satu[　]day. Dad is c[　][　]king in the kit[　][　]en.

Wan and Sunny are playing in the living roo[　].

Mom is in the bat[　]room.

단어와 설명을 보고 알맞은 뜻을 쓰세요.

☑ Saturday ─ 금요일 다음이고 일요일 전의 요일은? [　　　]

☑ cook ─ 어떤 조리 과정을 거쳐 음식을 만드는 일은? [　　　]

☑ kitchen ─ 음식을 만들고 설거지를 하는 곳은? [　　　]

☑ living room ─ 가족들이 모여 생활하는 공간은? [　　　]

☑ bathroom ─ 목욕을 할 수 있는 시설을 갖춘 방은? [　　　]

STEP 6 이야기를 생각하며 단어를 쓰세요.

✏ Saturday

✏ cook

✏ kitchen

✏ living room

✏ bathroom

STEP 7 요일과 관련된 단어를 잘 듣고 쓰세요.

Monday 월요일

Monday

Tuesday 화요일

Tuesday

Wednesday 수요일

Wednesday

Thursday 목요일

Thursday

Day 17

모두가 아는 노래

- ☐ monkey
- ☐ red
- ☐ apple
- ☐ yummy
- ☐ long

- · **butt** 엉덩이
- · **banana** 바나나
- · **fast** 빠른

STEP 1 다음 그림을 보고 이야기를 들으면서 단어를 확인하세요.

① "A **monkey**'s butt is **red**. Red is an **apple**."
"원숭이 엉덩이는 빨개. 빨가면 사과."

② "An apple is **yummy**. Yummy is a banana."
"사과는 맛있어. 맛있으면 바나나."

③ "A banana is **long**. Long is a train."
"바나나는 길어. 길면 기차."

④ "A train is fast, Choo-choo!"
"기차는 빨라, 칙칙폭폭!"

STEP 2 단어의 소리와 뜻을 확인하세요.

monkey
원숭이

red
빨간, 빨간색

apple
사과

yummy
맛있는

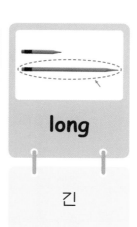
long
긴

STEP 3 완이의 일기에 나오는 단어를 따라 쓰세요.

이 노래를 모르는 사람은 아마 없을걸?

"**monkey** 엉덩이는 **red**. 빨간 건 **apple**.

사과는 **yummy**. 맛있는 건 바나나.

바나나는 **long**. 길으면 기차.

기차는 빨라! 빠르면…?"

그 다음이 기억이 안 난다고. 누가 좀 알려 줄래?

보기 red | yummy | long | apple | monkey

"A monk⬜y's butt is ⬜ed.

Red is an app⬜⬜."

"An apple is ⬜ummy."

"A banana is ⬜ong."

STEP 5 단어와 설명을 보고 알맞은 뜻을 쓰세요.

☑	monkey	나무를 잘 타고 꼬리가 긴 동물은?	
☑	red	밝고 짙은 붉은 빛깔은?	
☑	apple	겉은 빨갛고 속은 하얀 새콤달콤한 과일은?	
☑	yummy	음식의 맛이 좋다고 느끼는 감정은?	
☑	long	이어져 있는 물체의 두 끝이 서로 먼 상태는?	

STEP 6 이야기를 생각하며 단어를 쓰세요.

✎ monkey

✎ red

✎ apple

✎ yummy

✎ long

STEP 7 색깔과 관련된 단어를 잘 듣고 쓰세요.

blue 파란, 파란색

blue

yellow 노란, 노란색

yellow

white 하얀, 하얀색

white

green 초록빛의, 초록색

green

Day 18

사진을 찍어요

- ☐ picture
- ☐ grandpa
- ☐ neck
- ☐ spot
- ☐ laugh

· **Let's** ~하자
· **click** 누르다,
  찰칵 소리를 내다
· **fly** 파리

다음 그림을 보고 이야기를 들으면서 단어를 확인하세요.

① "Let's take a **picture!**"
　 "우리 사진 찍어요!"

② "Say Kimchi!" Click!
　 "김치 하고 말해요!" 찰칵!

③ "**Grandpa**, There's a fly on your **neck!**"
　 "할아버지, 목에 파리가 앉았어요!"

④ "No, it's a **spot!**" Grandpa **laughs.**
　 "아니란다, 이건 점이야!" 할아버지가 웃으세요.

STEP 2 단어의 소리와 뜻을 확인하세요.

picture

사진

grandpa

할아버지

neck

목

spot

점

laugh

웃다

STEP 3 완이의 일기에 나오는 단어를 따라 쓰세요.

할아버지 할머니랑 **picture**를 찍었어.

가족사진은 처음이야.

모두 따라해요. "김치!"

어, 그런데 할아버지 **neck**에 파리가 앉아 있는데?

알고 보니 **grandpa** 목에 있는 **spot**이래. 하하하!

그 바람에 우리 가족 모두 **laugh**.

보기 의 단어를 참고하여 빈칸에 알맞은 철자를 쓰세요.

보기   laugh | grandpa | neck | spot | picture

"Let's take a pict☐re!"

"Grand☐a, There's a fly on your n☐☐k!"

"No, it's a ☐pot!" Grandpa ☐aughs.

STEP 5 단어와 설명을 보고 알맞은 뜻을 쓰세요.

☑ picture   카메라로 찍어 모양 그대로 나타나는 것은?

☑ grandpa   부모님의 아버지를 이르는 말은?

☑ neck   머리와 몸통 사이의 잘록한 부분은?

☑ spot   사람의 피부 위에 생겨난 얼룩은?

☑ laugh   기쁠 때 얼굴을 활짝 펴고 소리 내는 행동은?

STEP 6 이야기를 생각하며 단어를 쓰세요.

picture

grandpa

neck

spot

laugh

STEP 7 신체 부위와 관련된 단어를 잘 듣고 쓰세요.

finger 손가락

finger

ankle 발목

ankle

shoulder 어깨

shoulder

knee 무릎

knee

Day 19

분홍 옷을 입은 왕자님

- ☐ draw
- ☐ castle
- ☐ prince
- ☐ horse
- ☐ pink

· wear 입다

STEP 1 다음 그림을 보고 이야기를 들으면서 단어를 확인하세요.

❶ Sunny is drawing a castle and a prince on a horse.
써니는 성과 말에 탄 왕자를 그리고 있어요.

**❷ But the prince is wearing pink!
"Pink is for girls!"**
그런데 왕자가 분홍색을 입고 있어요!
"분홍색은 여자애들 거야!"

❸ "No, my prince wears pink!"
"아니, 내 왕자님은 분홍색을 입는다고!"

❹ Mom says, "A prince can wear pink!"
엄마가 말해요. "왕자님도 분홍색을 입을 수 있지!"

단어의 소리와 뜻을 확인하세요.

draw	**castle**	**prince**	**horse**	**pink**
그리다	성	왕자	말	분홍색의, 분홍색

STEP 3 완이의 일기에 나오는 단어를 따라 쓰세요.

내 동생 써니가 그림을 **draw** 하고 있어.

그림에는 **castle**도 있고 **horse**를 탄 왕자님도 있어.

써니의 그림 속 **prince**는 분홍색 옷을 입고 있었어.

엄마는 왕자님도 분홍색 옷을 입을 수 있대.

그렇다면, 나도 **pink** 티셔츠를 한번 입어 볼까?

보기 의 단어를 참고하여 빈칸에 알맞은 철자를 쓰세요.

보기 horse | prince | draw | pink | castle

Sunny is □rawing a cas□le

and a prince on a h□rse.

But the princ□ is wearing pink.

"No, my prince wears □ink!"

STEP 5 단어와 설명을 보고 알맞은 뜻을 쓰세요.

☑ draw   여러 가지 색으로 어떤 모습을 종이 위에 나타내는 일은?

☑ castle   왕자와 공주가 주로 사는 담이 높은 건물은?

☑ prince   임금이나 왕의 아들은?

☑ horse   얼굴이 길고 아주 빠르며 타고 다니는 동물은?

☑ pink   하얀빛을 띤 엷은 붉은색은?

104

STEP 6 이야기를 생각하며 단어를 쓰세요.

✎ draw

✎ castle

✎ prince

✎ horse

✎ pink

STEP 7 왕족과 관련된 단어를 잘 듣고 쓰세요.

princess 공주

princess

queen 왕비

queen

gold 금

gold

crown 왕관

crown

Day 20

나는 잘생겼 으니까!

- ☐ dog
- ☐ mirror
- ☐ angry
- ☐ animal
- ☐ happy

· look 보다
· himself 그 자신
· why 왜
· handsome 잘생긴

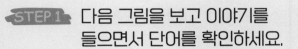 STEP 1 다음 그림을 보고 이야기를 들으면서 단어를 확인하세요.

❶ The **dog** is looking at himself in the **mirror**. He is **angry**.
개가 거울 속 자신을 보고 있어요. 개는 화가 나요.

---

❷ Sunny asks, "Why is he angry?"
Wan says, "Because he sees an **animal**."
써니가 물어요. "개가 왜 화가 났지?"
완이가 말해요. "동물을 보고 있으니까."

---

❸ Wan is looking at himself in the mirror.
"Why are you **happy**?"
완이가 거울 속 자신을 보고 있어요.
"오빠는 왜 행복한 거야?"

---

❹ "Because I am handsome!"
"내가 잘생겼기 때문이지!"

dog

개

mirror

거울

angry

화난

animal

동물

happy

행복한

STEP 3 완이의 일기에 나오는 단어를 따라 쓰세요.

우리 집 멍뭉이가 **mirror**에 비친

자기 모습이 마음에 들지 않나 봐.

거울 속 **dog**가 다른 **animal**인 줄 알고

잔뜩 **angry**했어.

하지만 나는 거울을 보면

아주 **happy**하지. 난 너무 잘생겼거든!

STEP 4 [보기]의 단어를 참고하여 빈칸에 알맞은 철자를 쓰세요.

> [보기] angry | animal | dog | happy | mirror

The d☐g is looking at himself in the mi☐ror.

He is an☐☐y.

Wan says, "Because he sees an anim☐l."

"Why are you happ☐?"

STEP 5 단어와 설명을 보고 알맞은 뜻을 쓰세요.

☑ dog 사람을 잘 따르고 멍멍 짖는 동물은? ☐

☑ mirror 물체를 비추어 보는 물건은? ☐

☑ angry 성이 나서 온몸이 달아오르는 상태는? ☐

☑ animal 사람이 아닌 짐승 따위를 이르는 말은? ☐

☑ happy 만족스러우며 즐겁고 흐뭇한 상태는? ☐

이야기를 생각하며 단어를 쓰세요.

dog

mirror

angry

animal

happy

새끼 동물과 관련된 단어를 잘 듣고 쓰세요.

puppy 강아지

puppy

kitten 새끼 고양이

kitten

chick 병아리

chick

piglet 새끼 돼지

piglet

Review TEST 4

TEST 1 다음 사진에 어울리는 단어를 바르게 연결하세요.

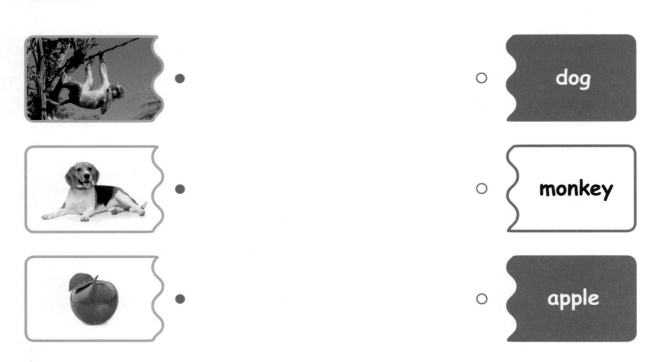

○ dog

○ monkey

○ apple

TEST 2 다음 상자에서 뜻에 알맞은 단어를 찾고 철자를 쓰세요.

cookalaughcprince

웃다	왕자	요리하다
laugh	p_____	c____

TEST 3 ┌ 다음 단어에 알맞은 뜻에 동그라미하세요.

pink	prince	spot
파란색 │ 분홍색	공주 │ 왕자	점 │ 원

animal	happy	draw
사람 │ 동물	행복한 │ 슬픈	그리다 │ 보다

TEST 4 ┌ 다음 사진에 알맞은 단어의 철자를 순서대로 쓰세요.

orirmr

m i r r o r

astcel

c _ _ _ _ _ _

ndgarap

g _ _ _ _ _ _

TEST 5 다음 단어에 어울리는 사진과 뜻을 바르게 연결하세요.

picture

neck

angry

목

화난

사진

TEST 6 빈칸에 들어갈 단어를 보기 에서 골라 넣으세요.

보기 kitchen | living room | Saturday | bathroom | cook

오늘은 신나는 _____ ! 아빠는 **kitchen**에서 _____ .

나랑 동생은 _____ 에서 놀지요!

그런데 엄마? _____ 에서 언제 나와요?

아참, 중요한 순간에 말을 걸면 안 되는데!

TEST 7 이야기를 생각하며 다음 문장에 어울리는 단어에 동그라미하세요.

1 A monkey's butt is   red | white .

2 A banana is   blue | long .

3 Sunny is drawing a prince on a   horse | dog .

4 An apple is   black | yummy .

TEST 8 다음 상자에서 사진에 어울리는 단어를 찾아서 묶으세요.

a	b	v	f	p	i	n	k
j	p	c	k	t	x	d	u
g	r	a	n	d	p	a	e
k	i	e	u	r	q	c	e
j	n	h	c	o	o	k	n
h	c	s	k	i	n	y	z
I	e	h	w	x	r	y	g

Day 21

눈, 귀, 입이 하는 일

- ☑ eye
- ☑ read
- ☑ ear
- ☑ listen
- ☑ talk

- only 오직
- when ~할 때

다음 그림을 보고 이야기를 들으면서 단어를 확인하세요.

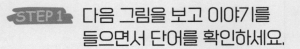

❶ "**Eyes** can see and **read**."
"눈으로는 보고 읽을 수 있어."

❷ "**Ears** can **listen**."
"귀는 들을 수 있어."

❸ "The mouth can **talk**."
"It can eat, too."
"입은 말할 수 있지." "먹을 수도 있어요."

❹ "Yes, but we have only one mouth.
Don't **talk** when you eat."
"맞아, 하지만 우리 입은 오직 하나야. 먹으면서 말하지 마."

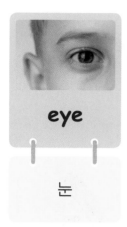
eye
눈

read
읽다

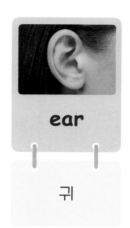
ear
귀

listen
(귀 기울여)
듣다

talk
말하다

STEP 3 완이의 일기에 나오는 단어를 따라 쓰세요.

우리 신체는 모두 제 역할이 있어.

eye는 보고 **read**하고, **ear**는 **listen**을 하고,

입은 **talk**하라고 있지.

하지만 난 입으로 먹으면서 말도 할 수 있다고!

대단한 능력이지!

보기 ear | eye | talk | read | listen

"E☐es can see and r☐☐d."

"E☐rs can lis☐en."

"The mouth can ta☐k."

STEP 5 단어와 설명을 보고 알맞은 뜻을 쓰세요.

☑ eye 우리 몸에서 물체를 볼 수 있는 감각 기관은?

☑ read 글이나 글자를 소리 내어 말하거나 보는 행동은?

☑ ear 머리 양옆에서 주로 소리를 듣는 감각 기관은?

☑ listen 다른 사람의 말이나 소리를 알아차리는 행동은?

☑ talk 생각이나 느낌 등을 말로 나타내는 것은?

STEP 6 이야기를 생각하며 단어를 쓰세요.

✏ eye

✏ read

✏ ear

✏ listen

✏ talk

STEP 7 동작과 관련된 단어를 잘 듣고 쓰세요.

write 쓰다

write

speak 말하다

speak

smell (냄새를) 맡다

smell

taste 맛보다

taste

Day 22

재미있는 역할놀이

- ☑ wolf
- ☑ fox
- ☑ giant
- ☑ think
- ☑ together

· another 다른

❶ "I am a wolf!"
"나는 늑대다!"

❷ "I am a fox!"
"나는 여우야!"

❸ "I am an angry giant!"
"나는 화난 거인이다!"

❹ "Mom, Let's think of another game together."
"엄마, 우리 함께 다른 놀이를 생각해 봐요."

STEP 2
단어의 소리와 뜻을 확인하세요.

wolf

늑대

fox

여우

giant

거인

think

생각하다

together

함께

STEP 3
완이의 일기에 나오는 단어를 따라 쓰세요.

재미있는 역할놀이를 해 볼까?

동생 쩌니도 **together**!

나는 **wolf**다! '아우~' 쩌니야, 너는 **fox** 해.

앗, 엄마가 **giant**가 되려나 보다!

엄마, 우리 다른 놀이를 **think**해 볼게요!

보기 의 단어를 참고하여 빈칸에 알맞은 철자를 쓰세요.

보기   think | fox | wolf | giant | together

"I am a w ☐ lf!"

"I am a f ☐ ☐ !"

"I am an angry g ☐ ☐ nt!"

"Mom, let's t ☐ ink of another game toget ☐ er."

STEP 5 단어와 설명을 보고 알맞은 뜻을 쓰세요.

☑ wolf   개와 비슷하며 달밤에 '아우' 하고 우는 동물은?

☑ fox   개와 비슷하며 주둥이와 꼬리가 긴 동물은?

☑ giant   몸이 아주 큰 사람은?

☑ think   사물을 헤아리고 판단하는 것은?

☑ together   한꺼번에 같이 또는 서로 더불어를 뜻하는 것은?

122

STEP 6 이야기를 생각하며 단어를 쓰세요.

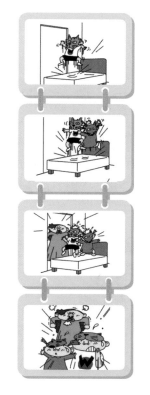

✏ wolf

✏ fox

✏ giant

✏ think

✏ together

STEP 7 놀이와 관련된 단어를 잘 듣고 쓰세요.

role play 역할놀이

role play

board game 보드 게임

board game

hide-and-seek 숨바꼭질

hide-and-seek

computer game 컴퓨터 게임

computer game

Day 23

착한 일을 하는 이유

- ☑ open
- ☑ door
- ☑ put
- ☑ chair
- ☑ close

· right 맞는

❶ **Wan opens the door for Mom.**
완이가 엄마를 위해 문을 열어 주어요.

❷ **Wan puts out the chair for Sunny.**
완이가 써니를 위해 의자를 놓아 주어요.

❸ **It rains. Wan closes the window.**
비가 와요. 완이가 창문을 닫아요.

❹ **"Santa Claus is watching, right?"**
"산타 할아버지는 보고 계시지요, 그렇죠?"

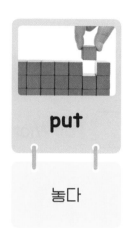

open	door	put	chair	close
열다	문	놓다	의자	닫다

STEP 3 완이의 일기에 나오는 단어를 따라 쓰세요.

크리스마스가 다가오는군! 서둘러야겠어.

엄마를 위해 **door**도 **open**해 드리고,

여동생 써니를 위해 **chair**도 **put**해 주고,

비가 오는 날에는 창문도 **close**하지.

산타 할아버지는 다 보고 계시겠지?

보기 의 단어를 참고하여 빈칸에 알맞은 철자를 쓰세요.

보기   door | put | open | close | chair

Wan o[ ]ens the doo[ ] for Mom.

Wan p[ ]ts out the c[ ][ ]ir for Sunny.

Wan clo[ ]es the window.

STEP 5   단어와 설명을 보고 알맞은 뜻을 쓰세요.

☑ (open)   닫히거나 잠긴 것을 트거나 벗기는 행동은?   [ ]

☑ (door)   드나들기 위해 만들어둔 여닫는 시설은?   [ ]

☑ (put)   어떤 물건을 어디에 있게 하는 행동은?   [ ]

☑ (chair)   앉을 때 벽에 세워 놓고 등을 기대는 가구는?   [ ]

☑ (close)   문이나 뚜껑 등을 열었다가 제자리로 가게 하는 행동은?   [ ]

STEP 6 이야기를 생각하며 단어를 쓰세요.

✏ open

✏ door

✏ put

✏ chair

✏ close

STEP 7 크리스마스와 관련된 단어를 잘 듣고 쓰세요.

Santa Claus 산타클로스

Santa Claus

merry 즐거운

merry

Christmas tree 크리스마스트리

Christmas tree

sled 썰매

sled

Day 24

내가 만든 건강식

- ☑ **sugar**
- ☑ **salt**
- ☑ **drink**
- ☑ **milk**
- ☑ **food**

- · **less** 덜, 더 적게
- · **more** 좀 더
- · **all** 모두
- · **healthy** 건강한
- · **genius** 천재

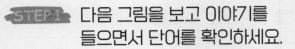

STEP 1 다음 그림을 보고 이야기를 들으면서 단어를 확인하세요.

❶ "Umm, yummy!
But I have to eat less **sugar**."
"음, 맛있겠다. 하지만 난 설탕을 덜 먹어야 해."

❷ "Umm, yummy!
But I have to eat less **salt**."
"음, 맛있겠다. 하지만 난 소금을 덜 먹어야 해."

❸ "And I have to **drink** more **milk**."
"그리고 우유는 더 마셔야 해."

❹ "Then, put all the **food** in milk.
This is healthy food!"
"그렇다면, 모든 음식을 우유에 넣자! 이게 바로 건강식!"

STEP 2 단어의 소리와 뜻을 확인하세요.

sugar

설탕

salt

소금

drink

마시다

milk

우유

food

음식

STEP 3 완이의 일기에 나오는 단어를 따라 쓰세요.

사탕과 초콜릿은 sugar 때문에 안 되고,

제일 좋아하는 라면은 salt 때문에 안 되고,

엄마는 매일 milk만 많이 drink하라고 해.

그렇다면 이 모든 food를 우유에 섞으면?

이게 바로 건강식이지! 하하! 난 천재야! 😊

보기 의 단어를 참고하여 빈칸에 알맞은 철자를 쓰세요.

보기   salt | sugar | drink | food | milk

"But I have to eat less sug⬜r."

"But I have to eat less s⬜⬜t."

"And I have to dri⬜k more mi⬜k."

"Then, put all the f⬜⬜d in milk."

STEP 5 단어와 설명을 보고 알맞은 뜻을 쓰세요.

☑ sugar   단맛이 나고 물에 잘 녹는 가루는?

☑ salt   짠맛이 나고 물에 잘 녹는 가루는?

☑ drink   물이나 음료 따위의 액체를 목구멍으로 넘기는 행동은?

☑ milk   소의 젖이기도 하며 사람들이 마시는 하얀 액체는?

☑ food   사람이 먹을 수 있는 밥이나 빵 등을 일컫는 말은?

STEP 6 이야기를 생각하며 단어를 쓰세요.

✎ sugar

✎ salt

✎ drink

✎ milk

✎ food

STEP 7 음식과 관련된 단어를 잘 듣고 쓰세요.

soup 수프

soup

pizza 피자

pizza

salad 샐러드

salad

pasta 파스타

pasta

Day 25

깊은 밤 꿈 속에서

- ☑ boat
- ☑ travel
- ☑ sea
- ☑ land
- ☑ room

· **become** ~이 되다
· **come back** 돌아오다

STEP 1 다음 그림을 보고 이야기를 들으면서 단어를 확인하세요.

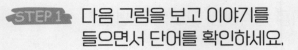

❶ At night, my bed becomes a boat.
밤이면 내 침대는 배가 돼요.

❷ In my dreams, I travel in the sea.
꿈에서, 나는 바다를 여행해요.

**❸ In the morning,
my boat comes back to land.**
아침이 되면 내 배는 육지로 돌아와요.

**❹ After a good dream,
I open my eyes in my room.**
좋은 꿈을 꾸고 나서, 내 방에서 눈을 뜨지요.

boat

(작은) 배, 보트

travel

여행하다

sea

바다

land

땅, 육지

room

방

STEP 3 완이의 일기에 나오는 단어를 따라 쓰세요.

가끔은 신나는 꿈을 꿔.

꿈 속에서 내 침대는 **boat**로 변해.

그리고 드넓은 **sea**를 신나게 **travel**하지.

모험이 끝나고 **land**로 돌아오면 잠에서 깨어나.

신기하게 눈을 뜨면 항상 내 **room**이라니까!

보기 의 단어를 참고하여 빈칸에 알맞은 철자를 쓰세요.

보기   travel | sea | boat | room | land

At night, my bed becomes a bo☐t.

In my dreams, I tr☐☐el in the se☐.

In the morning, my boat comes back to l☐nd.

After a good dream, I open my eyes in my ☐oom.

STEP 5   단어와 설명을 보고 알맞은 뜻을 쓰세요.

☑ boat   노를 젓거나 모터에 의하여 물 위를 떠다니도록 만든 물건은? ☐

☑ travel   일이나 관광을 위해 다른 장소에 가는 일은? ☐

☑ sea   짠 물로 가득한 곳으로, 육지가 아닌 곳은? ☐

☑ land   흙이나 바위로 이루어진 바다가 아닌 곳은? ☐

☑ room   사람이 살거나 일하기 위해 벽 등으로 막아서 만든 공간은? ☐

STEP 6 이야기를 생각하며 단어를 쓰세요.

✏ boat

✏ travel

✏ sea

✏ land

✏ room

STEP 7 잠과 관련된 단어를 잘 듣고 쓰세요.

sleep 잠자다

sleep

nap 낮잠 자다

nap

snore 코 골다

snore

oversleep 늦잠 자다

oversleep

Review TEST 5

listen

travel

wolf

TEST 2 다음 상자에서 뜻에 알맞은 단어를 찾고 철자를 쓰세요.

areadacloseaelandor

땅	닫다	읽다
l and	c _ _ _ _	r _ _ _

136

TEST 3 다음 단어에 알맞은 뜻에 동그라미하세요.

think	**room**	**together**
읽다 | 생각하다	방 | 밤	혼자 | 함께

open	**talk**	**drink**
닫다 | 열다	말하다 | 듣다	마시다 | 먹다

TEST 4 다음 사진에 알맞은 단어의 철자를 순서대로 쓰세요.

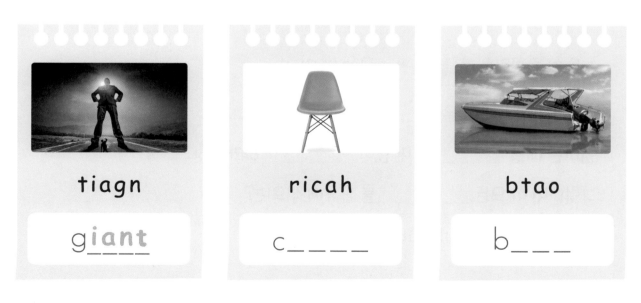

tiagn

g i a n t

ricah

c _ _ _ _

btao

b _ _ _

Review TEST

TEST 5 다음 단어에 어울리는 사진과 뜻을 바르게 연결하세요.

fox

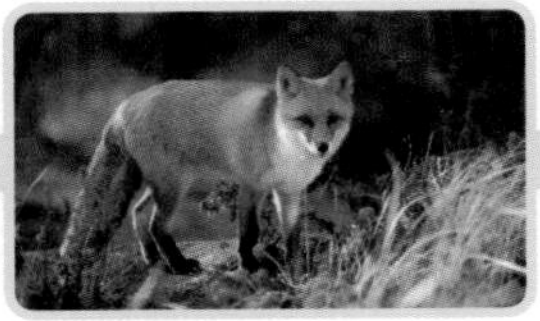

눈

door

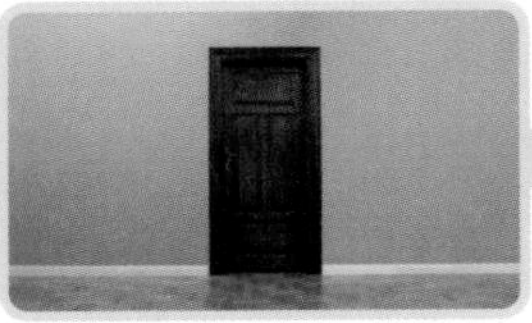

문

eye

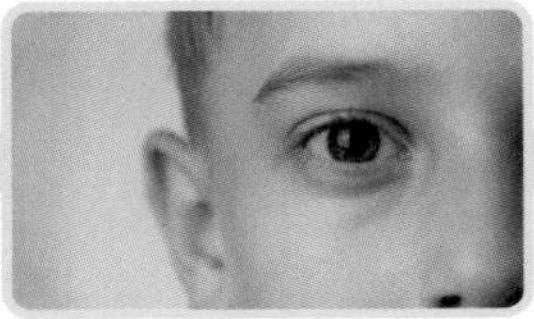

여우

TEST 6 빈칸에 들어갈 단어를 보기 에서 골라 넣으세요.

보기 food | salt | drink | milk | sugar

사탕과 초콜릿은 sugar 때문에 안 되고,

제일 좋아하는 라면은 ________ 때문에 안 되고,

엄마는 매일 ________ 만 많이 ________ 하라고 해.

그렇다면 이 모든 ________ 를 우유에 섞으면?

이게 바로 건강식이지! 하하! 난 천재야!

TEST 7 이야기를 생각하며 다음 문장에 어울리는 단어에 동그라미하세요.

1   Eyes can see and   read | eat   .

2   Ears | Eyes   can listen.

3   The mouth can   listen | talk   .

4   Wan   puts | opens   out the chair for Sunny.

TEST 8 다음 상자에서 사진에 어울리는 단어를 찾아서 묶으세요.

s	e	a	p	u	w	n	q
j	a	h	x	i	x	d	u
a	r	o	o	m	e	o	e
k	t	e	w	i	t	c	a
j	o	b	a	l	m	a	t
h	g	d	r	k	e	m	z
i	n	h	w	x	r	n	g

Day 26

즐거운 가족 소풍

- ☑ bakery
- ☑ bread
- ☑ park
- ☑ picnic
- ☑ Friday

· **buy** 사다
· **some** 약간의

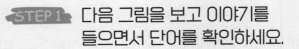

❶ Mom goes to a **bakery**.
She buys some **bread**.
엄마는 빵집에 가요. 엄마는 빵을 좀 사요.

❷ And we go to a **park**.
그리고 우리는 공원으로 가요.

❸ We eat the bread. Yummy!
우리는 빵을 먹어요. 맛있어요!

❹ I like family **picnic**s on **Friday**s.
나는 금요일의 가족 소풍이 좋아요.

STEP 2 단어의 소리와 뜻을 확인하세요.

bakery

빵집

bread

빵

park

공원

picnic

소풍

Friday

금요일

STEP 3 완이의 일기에 나오는 단어를 따라 쓰세요.

오늘은 Friday!

먼저 동네 bakery에서 bread를 사고,

가까운 park에 가서

엄마와 써니랑 함께 picnic을 즐겨!

신기하게도 공원에서 먹는 빵은 훨씬 더 맛있다니까!

보기 의 단어를 참고하여 빈칸에 알맞은 철자를 쓰세요.

보기 picnic | bread | bakery | park | Friday

Mom goes to a bak[ ]ry.

She buys some brea[ ].

And we go to a pa[ ]k.

I like family pi[ ]nics on F[ ][ ]days.

단어와 설명을 보고 알맞은 뜻을 쓰세요.

☑	bakery	빵이나 쿠키 등을 파는 곳은?	
☑	bread	밀가루 등을 이용해 반죽하여 불에 굽거나 찐 음식은?	
☑	park	휴식과 놀이 등을 위해 마련한 정원, 운동장, 놀이터 등이 있는 곳은?	
☑	picnic	휴식을 위해서 야외에 나갔다 오는 일은?	
☑	Friday	목요일의 다음 요일은?	

STEP 6 이야기를 생각하며 단어를 쓰세요.

✐ bakery

✐ bread

✐ park

✐ picnic

✐ Friday

STEP 7 단것과 관련된 단어를 잘 듣고 쓰세요.

chocolate 초콜릿

chocolate

ice cream 아이스크림

ice cream

cookie 과자

cookie

candy 사탕

candy

엄마가 아파요

- ☑ sick
- ☑ hospital
- ☑ watch
- ☑ movie
- ☑ enjoy

STEP 1 다음 그림을 보고 이야기를 들으면서 단어를 확인하세요.

① **Mom is sick. She is in the hospital.**
엄마가 아파요. 엄마는 병원에 계세요.

② **Wan is at home with Sunny.**
완이는 써니랑 집에 있어요.

③ **"Do you want to watch a movie?"**
"너희 영화 볼래?"

④ **But Wan can not enjoy it.**
하지만 완이는 영화를 즐길 수가 없어요.

단어의 소리와 뜻을 확인하세요.

sick

아픈

hospital

병원

watch

보다

movie

영화

enjoy

즐기다

STEP 3 완이의 일기에 나오는 단어를 따라 쓰세요.

엄마가 sick 해서 hospital에 계셔.

엄마가 없으니 마음이 이상해.

할머니가 재미있는 movie를 보여 주셨는데

아무리 watch 해도 집중이 안 되네.

도저히 영화를 enjoy할 수 없다고.

보기 의 단어를 참고하여 빈칸에 알맞은 철자를 쓰세요.

보기 watch | movie | enjoy | sick | hospital

Mom is si☐k. She is in the h☐sp☐tal.

"Do you want to wa☐ch a movi☐?"

But Wan can not ☐n☐oy it.

STEP 5 단어와 설명을 보고 알맞은 뜻을 쓰세요.

☑	sick	병이 들거나 다쳐서 괴로움을 느끼는 감정은?	
☑	hospital	아픈 사람을 치료하는 곳은?	
☑	watch	눈으로 TV나 책 등을 살피는 행동은?	
☑	movie	영상을 촬영해 만든 이야기로 주로 영화관에서 보는 것은?	
☑	enjoy	즐겁고 재미있게 누리는 행동은?	

STEP 6 이야기를 생각하며 단어를 쓰세요.

✎ sick

✎ hospital

✎ watch

✎ movie

✎ enjoy

STEP 7 병원과 관련된 단어를 잘 듣고 쓰세요.

shot 주사

shot

patient 환자

patient

blood 혈액, 피

blood

medicine 약

medicine

Day 28

학교 갔다 집에 오면

- ☑ home
- ☑ coat
- ☑ gloves
- ☑ bag
- ☑ socks

· take off 벗다

❶ "I'm **home**, Mom."

"저 집에 왔어요, 엄마."

❷ "Wan, take off your **coat** and **gloves**. Good!"

"완아, 외투랑 장갑을 벗으렴. 잘했어!"

❸ "Wash your hands. Good!"

"손 씻고, 잘했네!"

❹ "but, where is your **bag**? And where are your **socks**?"

"그런데, 가방은 어디 있니? 그리고 양말은 어디 있니?"

STEP 2 단어의 소리와 뜻을 확인하세요.

home

집

coat

외투, 코트

gloves

장갑

bag

가방

socks

양말

STEP 3 완이의 일기에 나오는 단어를 따라 쓰세요.

학교에서 **home**으로 돌아오면,

coat와 **gloves**는 벗어서 잘 정리해야 해.

손도 깨끗하게 씻고 나면, 완벽해!

그런데 뭔가 허전한데?

앗, **bag**과 **socks**를 교실에 놓고 왔나 봐!

보기 의 단어를 참고하여 빈칸에 알맞은 철자를 쓰세요.

보기 bag | home | socks | coat | gloves

"I'm h⬜me, Mom."

"Wan, take off your co⬜t and glov⬜⬜."

"But, where is your b⬜g?

And where are your soc⬜s?"

STEP 5 단어와 설명을 보고 알맞은 뜻을 쓰세요.

☑ home 사람이나 동물이 살기 위해 지은 건물은?

☑ coat 추위를 막기 위해 겉옷 위에 입는 옷은?

☑ gloves 손을 보호하거나 추위를 막기 위해 손에 끼는 물건은?

☑ bag 물건을 넣어 들거나 메고 다닐 수 있게 만든 것은?

☑ socks 맨발에 신도록 실이나 섬유로 짠 것은?

이야기를 생각하며 단어를 쓰세요.

✎ home

✎ coat

✎ gloves

✎ bag

✎ socks

STEP 7 의류와 관련된 단어를 잘 듣고 쓰세요.

T-shirt 티셔츠

T-shirt

jeans 청바지

jeans

mitten 벙어리장갑

mitten

scarf 스카프, 목도리

scarf

Day 29

변하지 않는 것

- ☑ cold
- ☑ warm
- ☑ hot
- ☑ cool
- ☑ weather

· outside 밖에
· change 변하다
· love 사랑

"It's **cold** outside!"
① Mom's hands are **warm**.
"밖은 추워요!" 엄마의 손은 따뜻해요.

"It's **hot** outside!"
② Mom gives Wan a cup of **cool** water.
"밖은 더워요!" 엄마가 완이에게 시원한 물 한 잔을 줘요.

③ **Weather** changes.
날씨는 변해요.

④ Mom's love never changes.
엄마의 사랑은 절대 변하지 않아요.

STEP 2 단어의 소리와 뜻을 확인하세요.

cold

추운, 차가운

warm

따뜻한

hot

더운

cool

시원한

weather

날씨

STEP 3 완이의 일기에 나오는 단어를 따라 쓰세요.

아주 cold한 날에는

엄마가 warm하게 내 손을 잡아 줘.

아주 hot한 날에는 엄마가 cool한 음료를 줘.

weather은 늘 변하지만,

엄마는 항상 그 자리에서 나를 사랑해 준다고.

STEP 4 보기의 단어를 참고하여 빈칸에 알맞은 철자를 쓰세요.

보기   cool | warm | cold | hot | weather

"It's [ ]old outside!" Mom's hands are w[ ]rm.

"It's h[ ]t outside!"

Mom gives Wan a cup of co[ ]l water.

W[ ][ ]ther changes.

STEP 5 단어와 설명을 보고 알맞은 뜻을 쓰세요.

☑ cold   온도가 낮아서 몸이 떨리는 것은?

☑ warm   덥지 않을 정도로 온도가 알맞게 높은 것은?

☑ hot   온도가 높아서 땀이 날 정도는?

☑ cool   덥거나 춥지 않고 알맞게 서늘한 것은?

☑ weather   그날의 비, 구름, 바람, 기온 등을 나타내는 것은?

STEP 6 이야기를 생각하며 단어를 쓰세요.

✏️ cold

✏️ warm

✏️ hot

✏️ cool

✏️ weather

STEP 7 계절과 관련된 단어를 잘 듣고 쓰세요.

season 계절

season

summer 여름

summer

fall 가을

fall

winter 겨울

winter

Day 30

키가 컸어요

- ☐ snow
- ☐ ice
- ☐ spring
- ☐ tall
- ☐ thank

· melt 녹다

STEP 1 다음 그림을 보고 이야기를 들으면서 단어를 확인하세요.

① When snow and ice melt, winter is over.
눈과 얼음이 녹으면, 겨울이 끝나요.

② Spring always comes back.
봄은 항상 돌아오지요.

③ Wan is taller.
완이는 키가 더 컸어요.

④ "Thank you, spring!"
"봄아, 고마워!"

STEP 2 단어의 소리와 뜻을 확인하세요.

snow	ice	spring	tall	thank
눈	얼음	봄	(키가) 큰	고마워하다

STEP 3 완이의 일기에 나오는 단어를 따라 쓰세요.

snow와 ice가 언제 다 사라졌지?

겨울이 가고, spring이 오나 봐!

어느새 내 키도 훌쩍 tall 했어.

내 키를 키워 준 봄아,

정말 thank you!

보기 의 단어를 참고하여 빈칸에 알맞은 철자를 쓰세요.

보기 thank | snow | tall | spring | ice

When sno[ ] and i[ ]e melt, winter is over.

S[ ][ ]ing always comes back.

Wan is t[ ]ller.

"T[ ]ank you, spring!"

STEP 5 단어와 설명을 보고 알맞은 뜻을 쓰세요.

☑	snow	겨울에 하늘에서 내리는 하얗고 보드라운 얼음은?	
☑	ice	물이 얼어서 굳어진 물질은?	
☑	spring	날씨가 따뜻해지며 꽃이 피는, 여름이 오기 전 계절은?	
☑	tall	사람이나 사물의 길이가 보통 정도를 넘는 것은?	
☑	thank	감사하게 여기는 감정은?	

STEP 6 이야기를 생각하며 단어를 쓰세요.

🖉 snow

🖉 ice

🖉 spring

🖉 tall

🖉 thank

STEP 7 신체의 특징과 관련된 단어를 잘 듣고 쓰세요.

strong 강한

 strong

short (키가) 작은

 short

weak 약한

weak

thin 마른

 thin

Review TEST 6

다음 사진에 어울리는 단어를 바르게 연결하세요.

○ bread

○ bag

○ socks

다음 상자에서 뜻에 알맞은 단어를 찾고 철자를 쓰세요.

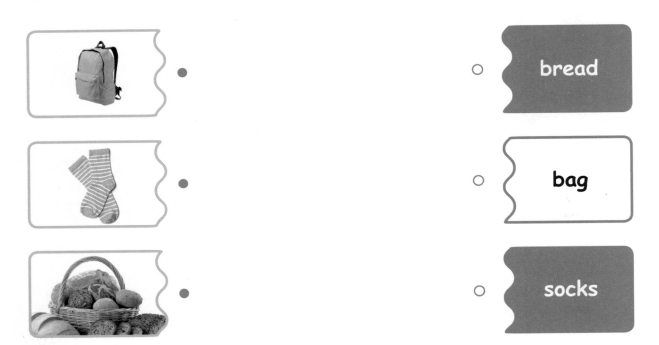

ewarmterhomerspring

집	따뜻한	봄
h<u>ome</u>	w ___ ___ ___	s ___ ___ ___ ___ ___ ___

TEST 3 ▸ 다음 단어에 알맞은 뜻에 동그라미하세요.

tall	**thank**	**sick**
작은 ┃ 큰	고마워하다 ┃ 좋아하다	슬픈 ┃ 아픈

enjoy	**watch**	**hospital**
즐기다 ┃ 싫다	듣다 ┃ 보다	병원 ┃ 학교

TEST 4 ▸ 다음 사진에 알맞은 단어의 철자를 순서대로 쓰세요.

eslgvo

g<u>loves</u>

niccip

p _ _ _ _ _

yardiF

F _ _ _ _ _

Review TEST

TEST 5 다음 단어에 어울리는 사진과 뜻을 바르게 연결하세요.

hot	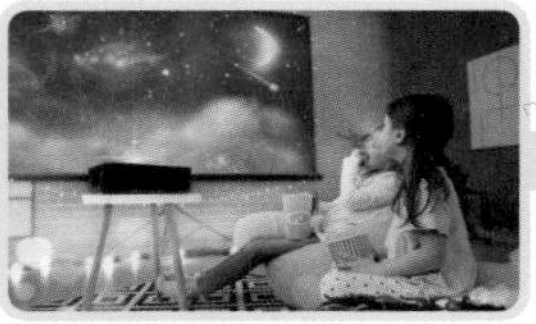	영화
movie	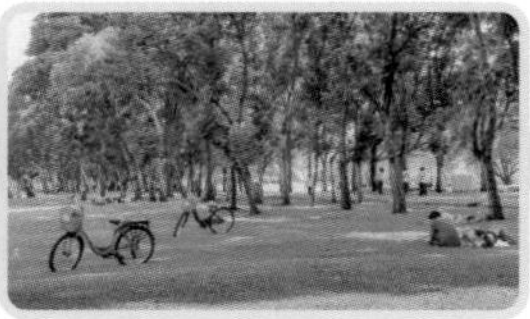	더운
park	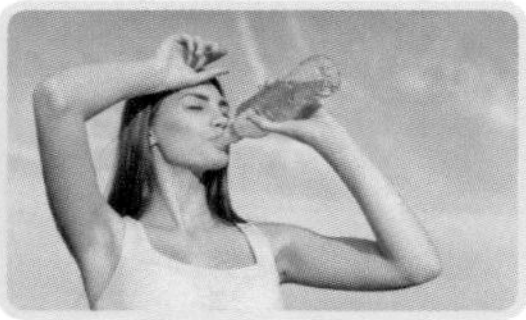	공원

TEST 6 빈칸에 들어갈 단어를 보기 에서 골라 넣으세요.

보기 hot | weather | cold | cool | warm

아주 ________한 날에는 엄마가 warm하게 내 손을 잡아 줘.

아주 ________한 날에는 엄마가 cool한 음료를 줘.

________은 늘 변하지만,

엄마는 항상 그 자리에서 나를 사랑해 준다고.

TEST 7 이야기를 생각하며 다음 문장에 어울리는 단어에 동그라미하세요.

1 When   snow   │   water   and ice melt, winter is over.

2 Spring always   comes   │   walks   back.

3 Mom goes to a   bakery   │   house   . She buys some bread.

4 Mom is sick. She is in the   school   │   hospital   .

TEST 8 다음 상자에서 사진에 어울리는 단어를 찾아서 묶으세요.

s	e	a	p	u	w	n	q
j	b	h	x	o	i	c	e
c	o	a	t	e	r	o	e
k	t	d	k	c	t	d	r
j	h	o	m	e	q	a	t
h	g	d	r	i	r	m	z
i	n	w	i	n	t	y	r

정답&
영단어 찾아보기

Day 01   18p

STEP 4   보기 의 단어를 참고하여 빈칸에 알맞은 철자를 쓰세요.

Wan goes to the Z oo.

"He l l o!" Wan says to the el e p h ant.

"Hi!" Wan says to the tig e r , too.

"I guess my animal f r iends don't like me!"

STEP 5   단어와 설명을 보고 알맞은 뜻을 쓰세요.

☑ zoo	동물을 볼 수 있는 시설을 갖춘 곳은?	동물원
☑ hello	처음 혹은 오랜만에 만났을 때 건네는 말은?	안녕
☑ elephant	코가 길고 덩치가 아주 큰 회색 동물은?	코끼리
☑ tiger	검은 줄무늬가 특징인 정글의 왕은?	호랑이
☑ friend	가깝게 오래 사귄 사람은?	친구

Day 02   22p

STEP 4   보기 의 단어를 참고하여 빈칸에 알맞은 철자를 쓰세요.

"Vroom vroom," goes the to y ca r .

"Honk honk," goes the toy b u s.

"Choo choo," goes the t r ain.

"Toot," goes the s h ip.

STEP 5   단어와 설명을 보고 알맞은 뜻을 쓰세요.

☑ toy	아이들이 가지고 노는 여러 가지 물건은?	장난감
☑ car	석유를 연료로 하여 엔진의 힘으로 달리게 만든 탈것은?	자동차
☑ bus	많은 사람이 함께 타는 대형 차는?	버스
☑ train	여객차나 화차를 끌고 다니는 철도 차는?	기차
☑ ship	사람이나 짐을 싣고 물 위를 떠다니는 탈것은?	배

Day 03   26p

STEP 4   보기 의 단어를 참고하여 빈칸에 알맞은 철자를 쓰세요.

In so c c er, they kick the b all.

In bas e ball, they hit the ball.

In basketball, they s h o ot the ball.

In Wan's house, Wan r olls the ball.

STEP 5   단어와 설명을 보고 알맞은 뜻을 쓰세요.

☑ soccer	주로 발로 공을 차서 상대편의 골대에 넣는 경기는?	축구
☑ ball	던지거나 치거나 굴릴 수 있는 둥근 물건은?	공
☑ baseball	던진 공을 배트로 치며 승패를 겨루는 경기는?	야구
☑ shoot	활이나 총, 공 등을 발사하는 모습은?	쏘다
☑ roll	바퀴처럼 돌면서 옮겨 가는 모양은?	굴리다

Day 04   30p

STEP 4   보기 의 단어를 참고하여 빈칸에 알맞은 철자를 쓰세요.

The clo u ds are bl a ck.

He pla y ed in the rain.

Mom's fa c e is red.

"Sor r y, Mom."

STEP 5   단어와 설명을 보고 알맞은 뜻을 쓰세요.

☑ cloud	하늘 위에 뭉게뭉게 떠 있는 하얀 물체는?	구름
☑ black	검은 빛깔이나 물감은?	검정의, 검정
☑ play	놀이나 재미있는 일을 하며 즐겁게 지내는 것은?	놀다
☑ face	눈, 코, 입이 있는 머리의 앞면은?	얼굴
☑ sorry	남에게 마음이 편치 못하고 부끄러운 감정은?	미안한

Day 05 34p

STEP 4 보기 의 단어를 참고하여 빈칸에 알맞은 철자를 쓰세요.

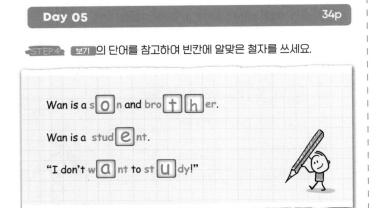

Wan is a s o n and bro t h er.

Wan is a stud e nt.

"I don't w a nt to st u dy!"

STEP 5 단어와 설명을 보고 알맞은 뜻을 쓰세요.

son	자식 중에 남자로 태어난 아이는?	아들
brother	나이가 많거나 어린 남자 형제를 이르는 말은?	오빠, 형, 남동생
student	학교에 다니며 공부하는 사람은?	학생
want	무엇을 바라거나 하고자 하는 것은?	원하다
study	학문이나 기술을 배우고 익히는 일은?	공부하다

Review TEST 1 36 ~ 39p

TEST 1 다음 사진에 어울리는 단어를 바르게 연결하세요.

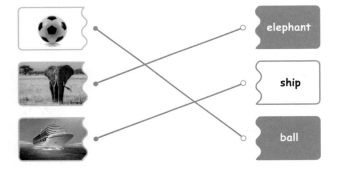

- elephant
- ship
- ball

TEST 2 다음 상자에서 뜻에 알맞은 단어를 찾고 철자를 쓰세요.

cblackerbabzooabusa

| 버스 | 검정의, 검정 | 동물원 |
| bus | black | zoo |

TEST 3 다음 단어에 알맞은 뜻에 동그라미하세요.

| cloud | shoot | hello |
| 해 \| (구름) | (쏘다) \| 차다 | 잘가 \| (안녕) |

| play | sorry | friend |
| (놀다) \| 자다 | 고마운 \| (미안한) | (친구) \| 선생님 |

TEST 4 다음 사진에 알맞은 단어의 철자를 순서대로 쓰세요.

| ludoc | ccosre | rteig |
| cloud | soccer | tiger |

TEST 5 다음 단어에 어울리는 사진과 뜻을 바르게 연결하세요.

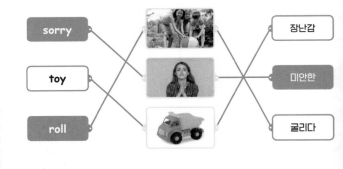

- sorry
- toy
- roll
- 장난감
- 미안한
- 굴리다

TEST 6 빈칸에 들어갈 단어를 보기 에서 골라 넣으세요.

보기 study | student | brother | want | son

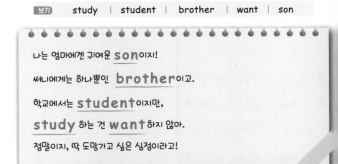

나는 엄마에겐 귀여운 **son**이지!

써니에게는 하나뿐인 **brother**이고.

학교에서는 **student**이지만,

study 하는 건 **want**하지 않아.

정말이지, 딱 도망가고 싶은 심정이라고!

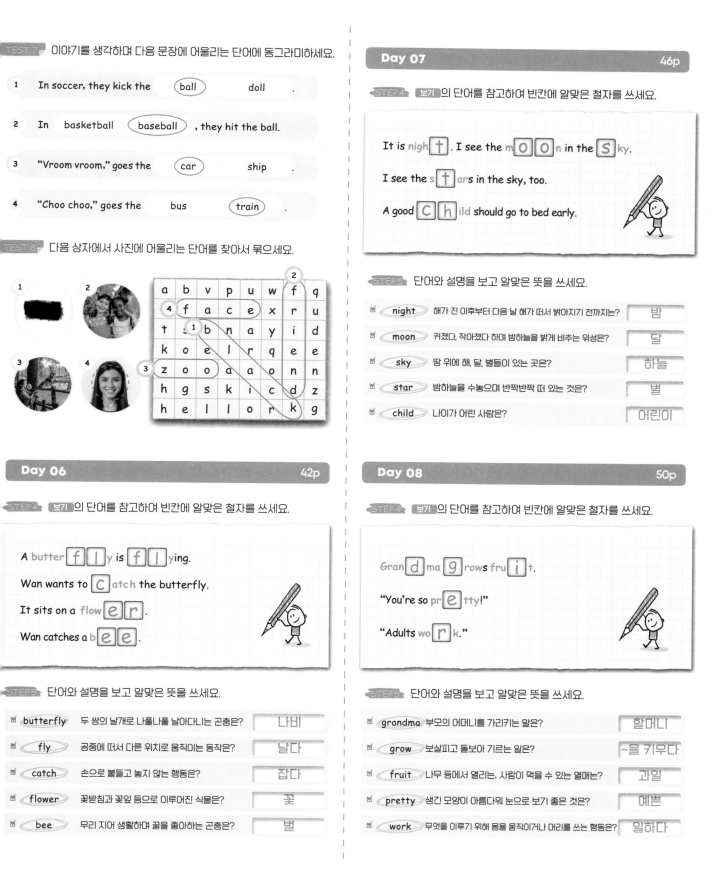

TEST 7 이야기를 생각하며 다음 문장에 어울리는 단어에 동그라미하세요.

1 In soccer, they kick the (ball) doll .

2 In basketball (baseball) , they hit the ball.

3 "Vroom vroom," goes the (car) ship .

4 "Choo choo," goes the bus (train) .

TEST 8 다음 상자에서 사진에 어울리는 단어를 찾아서 묶으세요.

a	b	v	p	u	w	f	q
f	a	c	e	x	r	u	
t		b	n	a	y	i	d
k	o	e	l	r	q	e	e
z	o	o	a	a	o	n	n
h	g	s	k	i	c	d	z
h	e	l	l	o	r	k	g

Day 06　　42p

STEP 4 보기 의 단어를 참고하여 빈칸에 알맞은 철자를 쓰세요.

A butter [f][l]y is [f][l]ying.

Wan wants to [c]atch the butterfly.

It sits on a flow[e][r].

Wan catches a b[e][e].

STEP 5 단어와 설명을 보고 알맞은 뜻을 쓰세요.

☑ butterfly 두 쌍의 날개로 나풀나풀 날아다니는 곤충은? 나비

☑ fly 공중에 떠서 다른 위치로 움직이는 동작은? 날다

☑ catch 손으로 붙들고 놓지 않는 행동은? 잡다

☑ flower 꽃받침과 꽃잎 등으로 이루어진 식물은? 꽃

☑ bee 무리 지어 생활하며 꿀을 좋아하는 곤충은? 벌

Day 07　　46p

STEP 4 보기 의 단어를 참고하여 빈칸에 알맞은 철자를 쓰세요.

It is nigh[t]. I see the m[o][o]n in the [s]ky.

I see the s[t]ars in the sky, too.

A good [c][h]ild should go to bed early.

STEP 5 단어와 설명을 보고 알맞은 뜻을 쓰세요.

☑ night 해가 진 이후부터 다음 날 해가 떠서 밝아지기 전까지는? 밤

☑ moon 커졌다, 작아졌다 하며 밤하늘을 밝게 비추는 위성은? 달

☑ sky 땅 위에 해, 달, 별들이 있는 곳은? 하늘

☑ star 밤하늘을 수놓으며 반짝반짝 떠 있는 것은? 별

☑ child 나이가 어린 사람은? 어린이

Day 08　　50p

STEP 4 보기 의 단어를 참고하여 빈칸에 알맞은 철자를 쓰세요.

Gran[d]ma [g]rows fru[i]t.

"You're so pr[e]tty!"

"Adults wo[r]k."

STEP 5 단어와 설명을 보고 알맞은 뜻을 쓰세요.

☑ grandma 부모의 어머니를 가리키는 말은? 할머니

☑ grow 보살피고 돌보아 기르는 일은? ~을 키우다

☑ fruit 나무 등에서 열리는, 사람이 먹을 수 있는 열매는? 과일

☑ pretty 생긴 모양이 아름다워 눈으로 보기 좋은 것은? 예쁜

☑ work 무엇을 이루기 위해 몸을 움직이거나 머리를 쓰는 행동은? 일하다

Day 09   54p

STEP 4 보기의 단어를 참고하여 빈칸에 알맞은 철자를 쓰세요.

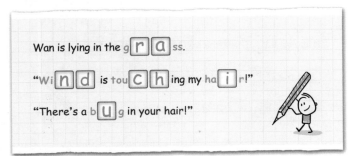

Wan is lying in the g r a ss.

"Wi n d is tou c h ing my ha i r!"

"There's a b u g in your hair!"

STEP 5 단어와 설명을 보고 알맞은 뜻을 쓰세요.

☑ grass	여러 가지 풀이 덮인 땅은?	풀밭
☑ wind	살랑이거나 쌩쌩 불기도 하는 공기의 움직임은?	바람
☑ touch	손을 대어 여기저기 닿는 행동은?	만지다
☑ hair	머리에 난 털은?	머리카락
☑ bug	개미와 벌 같은 동물을 통틀어 이르는 말은?	벌레

Day 10   58p

STEP 4 보기의 단어를 참고하여 빈칸에 알맞은 철자를 쓰세요.

"This is my pal a c e." "This is our hou s e."

"That is your c ap."

"I'm the kin g !"

"I'm an hon e st child."

STEP 5 단어와 설명을 보고 알맞은 뜻을 쓰세요.

☑ palace	왕이 사는 곳은?	궁전
☑ house	사람이나 동물이 살기 위해 지은 건물은?	집
☑ cap	햇빛을 가리거나 멋을 위해 머리에 쓰는 물건은?	모자
☑ king	왕국을 다스리는 우두머리는?	왕
☑ honest	마음에 거짓이나 꾸밈이 없이 바르고 곧음은?	정직한

Review TEST 2   60 ~ 63p

TEST 1 다음 사진에 어울리는 단어를 바르게 연결하세요.

butterfly

star

bug

TEST 2 다음 상자에서 뜻에 알맞은 단어를 찾고 철자를 쓰세요.

touchhonesteawindku

| 정직한 | 만지다 | 바람 |
| honest | touch | wind |

TEST 3 다음 단어에 알맞은 뜻에 동그라미하세요.

| night | catch | pretty |
| 낮 \| (밤) | (잡다) \| 놓다 | 미운 \| (예쁜) |

| grow | king | fly |
| ~을 멈추다 \| (~을 키우다) | (왕) \| 왕자 | 기다 \| (날다) |

TEST 4 다음 사진에 알맞은 단어의 철자를 순서대로 쓰세요.

| eclpaa | seuoh | srgas |
| palace | house | grass |

TEST 5 다음 단어에 어울리는 사진과 뜻을 바르게 연결하세요.

bee — 벌
cap — 어린이
child — 모자

TEST 6 빈칸에 들어갈 단어를 보기 에서 골라 넣으세요.

보기   grandma | work | pretty | grow | fruit

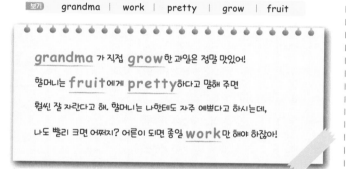

grandma 가 직접 grow 한 과일은 정말 맛있어!

할머니는 fruit 에게 pretty 하다고 말해 주면

훨씬 잘 자란다고 해. 할머니는 나한테도 자주 예쁘다고 하시는데,

나도 빨리 크면 어쩌지? 어른이 되면 종일 work 만 해야 하잖아!

TEST 7 이야기를 생각하며 다음 문장에 어울리는 단어에 동그라미하세요.

1   A (butterfly) grass is flying.

2   I see the stars in the sun (sky) .

3   It sits on a (flower) butter .

4   It is night. I see the (moon) sun in the sky.

TEST 8 다음 상자에서 사진에 어울리는 단어를 찾아서 묶으세요.

r	b	v	p	u	w	m	n
j	f	a	x	i	x	d	i
a	s	l	n	a	y	o	g
m	o	o	n	q	c	h
j	o	b	a	w	o	w	t
h	g	s	k	i	e	y	z
h	a	i	r	d	r	g

STEP 4 보기 의 단어를 참고하여 빈칸에 알맞은 철자를 쓰세요.

Who is the bo Y in blue pant S ?

Who is the gi r l in a pink ski r t?

I should r u n!

STEP 5 단어와 설명을 보고 알맞은 뜻을 쓰세요.

boy	어른은 아니지만 아기도 아닌 남성은?	남자아이
pants	두 다리를 꿰어 아랫도리에 입는 옷은?	바지
girl	어른은 아니지만 아기도 아닌 여성은?	여자아이
skirt	가랑이가 없이 하나로 이어진 아랫도리 옷은?	치마
run	빨리 달려가는 동작은?	뛰다

STEP 4 보기 의 단어를 참고하여 빈칸에 알맞은 철자를 쓰세요.

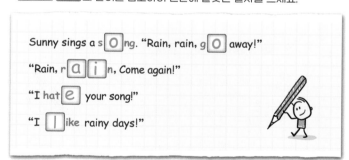

Sunny sings a s o ng. "Rain, rain, g o away!"

"Rain, r a i n, Come again!"

"I hat e your song!"

"I l ike rainy days!"

STEP 5 단어와 설명을 보고 알맞은 뜻을 쓰세요.

song	음악을 목소리로 부르는 것은?	노래
rain	하늘에서 땅으로 떨어지는 물방울은?	비
go	다른 곳으로 장소를 이동하는 행동은?	가다
hate	불편하고 마음에 들지 않는 감정은?	싫다
like	마음에 들고 만족할 만한 감정은?	좋다

Day 13　　76p

STEP 4 보기 의 단어를 참고하여 빈칸에 알맞은 철자를 쓰세요.

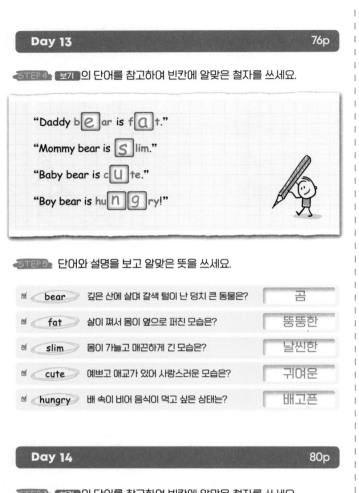

"Daddy b e ar is f a t."

"Mommy bear is s lim."

"Baby bear is c u te."

"Boy bear is hu n g ry!"

STEP 5 단어와 설명을 보고 알맞은 뜻을 쓰세요.

단어	설명	뜻
bear	깊은 산에 살며 갈색 털이 난 덩치 큰 동물은?	곰
fat	살이 쪄서 몸이 옆으로 퍼진 모습은?	뚱뚱한
slim	몸이 가늘고 매끈하게 긴 모습은?	날씬한
cute	예쁘고 애교가 있어 사랑스러운 모습은?	귀여운
hungry	배 속이 비어 음식이 먹고 싶은 상태는?	배고픈

Day 14　　80p

STEP 4 보기 의 단어를 참고하여 빈칸에 알맞은 철자를 쓰세요.

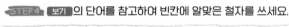

"H a nds are not for hi t ting."

"F e e t are not for kic k ing."

"Mou t h s are not for crying."

STEP 5 단어와 설명을 보고 알맞은 뜻을 쓰세요.

단어	설명	뜻
hand	사람의 팔목 끝에 달린 부분은?	손
hit	손이나 손에 든 물건으로 세게 치는 행동은?	때리다
feet	사람의 다리 끝에 달린 부분은?	두 발
kick	발을 힘껏 뻗어서 치는 듯한 모습은?	차다
mouth	우리 몸에서 음식을 먹는 신체 기관은?	입

Day 15　　84p

STEP 4 보기 의 단어를 참고하여 빈칸에 알맞은 철자를 쓰세요.

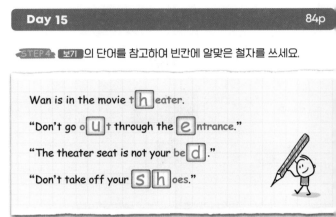

Wan is in the movie t h eater.

"Don't go o u t through the e ntrance."

"The theater seat is not your be d ."

"Don't take off your s h oes."

STEP 5 단어와 설명을 보고 알맞은 뜻을 쓰세요.

단어	설명	뜻
theater	공연이나 영화를 상영하는 곳은?	극장
out	어떤 선이나 금을 넘어선 쪽은?	밖으로
entrance	들어가는 통로는?	입구
bed	사람이 누워 잘 수 있는 가구는?	침대
shoes	걷거나 설 때 발에 신는 물건은?	신발

Review TEST 3　　86 ~ 89p

TEST 1 다음 사진에 어울리는 단어를 바르게 연결하세요.

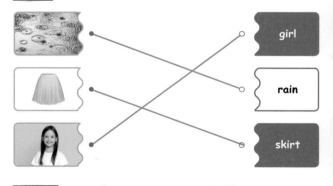

girl

rain

skirt

TEST 2 다음 상자에서 뜻에 알맞은 단어를 찾고 철자를 쓰세요.

apboycdbearefrun

남자아이	곰	뛰다
boy	bear	run

TEST 3 다음 단어에 알맞은 뜻에 동그라미하세요.

go	hate	theater
(가다) | 오다	(싫다) | 좋다	침실 | (극장)

like	kick	fat
싫다 | (좋다)	(차다) | 잡다	(뚱뚱한) | 날씬한

TEST 4 다음 사진에 알맞은 단어의 철자를 순서대로 쓰세요.

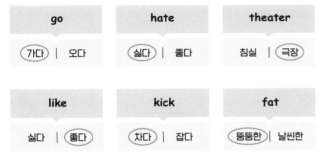

tsapn	hgnruy	onsg
pants	hungry	song

TEST 5 다음 단어에 어울리는 사진과 뜻을 바르게 연결하세요.

feet — 귀여운

cute — 손

hand — 두 발

TEST 6 빈칸에 들어갈 단어를 보기 에서 골라 넣으세요.

보기   bed | out | theater | shoes | entrance

theater 에서 주의사항!

극장에서는 들어오는 entrance 로 out 하면 안 돼.

의자가 bed 인 줄 알고 코를 골고 자거나

shoes 를 벗고 의자에 발을 올리면 안 된다고!

TEST 7 이야기를 생각하며 다음 문장에 어울리는 단어에 동그라미하세요.

1 Daddy bear is (fat) | small .

2 Mommy bear is (slim) | cute .

3 Hands are not for kicking | (hitting) .

4 Don't take off your song | (shoes) .

TEST 8 다음 상자에서 사진에 어울리는 단어를 찾아서 묶으세요.

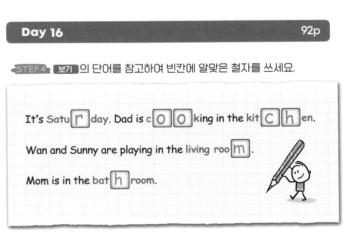

a	b	v	p	u	w	n	m
j	m	c	k	t	x	d	p
b	o	y	a	l	o	e	
k	r	u	n	q	c	b	
j	o	h	a	t	f	m	a
h	g	s	v	u	h	y	z
k	i	c	k	r	y	g	

Day 16   92p

STEP 4 보기 의 단어를 참고하여 빈칸에 알맞은 철자를 쓰세요.

It's Satu r day. Dad is c o o king in the kit c h en.

Wan and Sunny are playing in the living roo m .

Mom is in the bat h room.

STEP 5 단어와 설명을 보고 알맞은 뜻을 쓰세요.

Saturday	금요일 다음이고 일요일 전의 요일은?	토요일
cook	어떤 조리 과정을 거쳐 음식을 만드는 일은?	요리하다
kitchen	음식을 만들고 설거지를 하는 곳은?	부엌
living room	가족들이 모여 생활하는 공간은?	거실
bathroom	목욕을 할 수 있는 시설을 갖춘 방은?	욕실

초등 영단어 정답

Day 17   96p

STEP 4 보기의 단어를 참고하여 빈칸에 알맞은 철자를 쓰세요.

"A monk e y's butt is r ed.

Red is an app l e."

"An apple is y ummy."

"A banana is l ong."

STEP 5 단어와 설명을 보고 알맞은 뜻을 쓰세요.

- monkey 나무를 잘 타고 꼬리가 긴 동물은? → 원숭이
- red 밝고 짙은 붉은 빛깔은? → 빨간, 빨간색
- apple 겉은 빨갛고 속은 하얀 새콤달콤한 과일은? → 사과
- yummy 음식의 맛이 좋다고 느끼는 감정은? → 맛있는
- long 이어져 있는 물체의 두 끝이 서로 먼 상태는? → 긴

Day 18   100p

STEP 4 보기의 단어를 참고하여 빈칸에 알맞은 철자를 쓰세요.

"Let's take a pict u re!"

"Grand p a, There's a fly on your n e c k!"

"No, it's a s pot!" Grandpa l aughs.

STEP 5 단어와 설명을 보고 알맞은 뜻을 쓰세요.

- picture 카메라로 찍어 모양 그대로 나타나는 것은? → 사진
- grandpa 부모님의 아버지를 이르는 말은? → 할아버지
- neck 머리와 몸통 사이의 잘록한 부분은? → 목
- spot 사람의 피부 위에 생겨난 얼룩은? → 점
- laugh 기쁠 때 얼굴을 활짝 펴고 소리 내는 행동은? → 웃다

Day 19   104p

STEP 4 보기의 단어를 참고하여 빈칸에 알맞은 철자를 쓰세요.

Sunny is d rawing a cas t le

and a prince on a h o rse.

But the princ e is wearing pink.

"No, my prince wears p ink!"

STEP 5 단어와 설명을 보고 알맞은 뜻을 쓰세요.

- draw 여러 가지 색으로 어떤 모습을 종이 위에 나타내는 일은? → 그리다
- castle 왕자와 공주가 주로 사는 담이 높은 건물은? → 성
- prince 임금이나 왕의 아들은? → 왕자
- horse 얼굴이 길고 아주 빠르며 타고 다니는 동물은? → 말
- pink 하얀빛을 띤 엷은 붉은색은? → 분홍색의, 분홍색

Day 20   108p

STEP 4 보기의 단어를 참고하여 빈칸에 알맞은 철자를 쓰세요.

The d o g is looking at himself in the mi r ror.

He is an g r y.

Wan says, "Because he sees an anim a l."

"Why are you happ y ?"

STEP 5 단어와 설명을 보고 알맞은 뜻을 쓰세요.

- dog 사람을 잘 따르고 멍멍 짖는 동물은? → 개
- mirror 물체를 비추어 보는 물건은? → 거울
- angry 성이 나서 온몸이 달아오르는 상태는? → 화난
- animal 사람이 아닌 짐승 따위를 이르는 말은? → 동물
- happy 만족스러우며 즐겁고 흐뭇한 상태는? → 행복한

TEST 1　다음 사진에 어울리는 단어를 바르게 연결하세요.

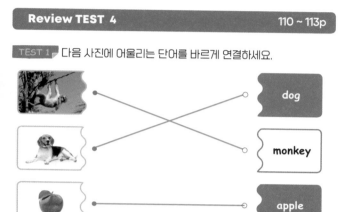

dog

monkey

apple

TEST 2　다음 상자에서 뜻에 알맞은 단어를 찾고 철자를 쓰세요.

cook a laugh c prince

못다
laugh

왕자
prince

요리하다
cook

TEST 3　다음 단어에 알맞은 뜻에 동그라미하세요.

pink	prince	spot
파란색 | (분홍색)	공주 | (왕자)	(점) | 원

animal	happy	draw
사람 | (동물)	(행복한) | 슬픈	(그리다) | 보다

TEST 4　다음 사진에 알맞은 단어의 철자를 순서대로 쓰세요.

orirmr
m**irror**

astcel
c**astle**

ndgarap
gr**andpa**

TEST 5　다음 단어에 어울리는 사진과 뜻을 바르게 연결하세요.

picture

neck

angry

목

화난

사진

TEST 6　빈칸에 들어갈 단어를 보기 에서 골라 넣으세요.

보기　kitchen ｜ living room ｜ Saturday ｜ bathroom ｜ cook

오늘은 신나는 **Saturday**! 아빠는 **kitchen**에서 **cook**.

나랑 동생은 **living room**에서 놀지요!

그런데 엄마? **bathroom**에서 언제 나와요?

아참, 중요한 순간에 말을 걸면 안 되는데!

TEST 7　이야기를 생각하며 다음 문장에 어울리는 단어에 동그라미하세요.

1　A monkey's butt is　(red)　white　.

2　A banana is　blue　(long)　.

3　Sunny is drawing a prince on a　(horse)　dog　.

4　An apple is　black　(yummy)　.

TEST 8　다음 상자에서 사진에 어울리는 단어를 찾아서 묶으세요.

a	④	v	③	p	i	n	k
j	p	c	k	t	x	d	u
g	r	a	n	d	p	a	e
k	i	e	u	r	q	c	e
j	n	②	c	o	o	k	n
h	c	s	k	i	n	y	z
I	e	h	w	x	r	y	g

초등 영단어 정답

Day 21　118p

STEP 4 보기 의 단어를 참고하여 빈칸에 알맞은 철자를 쓰세요.

"E y es can see and r e a d."

"E a rs can lis t en."

"The mouth can ta l k."

STEP 5 단어와 설명을 보고 알맞은 뜻을 쓰세요.

- eye　우리 몸에서 물체를 볼 수 있는 감각 기관은?　눈
- read　글이나 글자를 소리 내어 말하거나 보는 행동은?　읽다
- ear　머리 양옆에서 주로 소리를 듣는 감각 기관은?　귀
- listen　다른 사람의 말이나 소리를 알아차리는 행동은?　듣다
- talk　생각이나 느낌 등을 말로 나타내는 행동은?　말하다

Day 22　122p

STEP 4 보기 의 단어를 참고하여 빈칸에 알맞은 철자를 쓰세요.

"I am a w o lf!"

"I am a f o x !"

"I am an angry g i a nt!"

"Mom, let's t h ink of another game toget h er."

STEP 5 단어와 설명을 보고 알맞은 뜻을 쓰세요.

- wolf　개와 비슷하며 달밤에 '아우' 하고 우는 동물은?　늑대
- fox　개와 비슷하며 주둥이와 꼬리가 긴 동물은?　여우
- giant　몸이 아주 큰 사람은?　거인
- think　사물을 헤아리고 판단하는 것은?　생각하다
- together　한꺼번에 같이 또는 서로 더불어를 뜻하는 것은?　함께

Day 23　126p

STEP 4 보기 의 단어를 참고하여 빈칸에 알맞은 철자를 쓰세요.

Wan o p ens the doo r for Mom.

Wan p u ts out the c h a ir for Sunny.

Wan clo s es the window.

STEP 5 단어와 설명을 보고 알맞은 뜻을 쓰세요.

- open　닫히거나 잠긴 것을 트거나 벗기는 행동은?　열다
- door　드나들기 위해 만들어둔 여닫는 시설은?　문
- put　어떤 물건을 어디에 있게 하는 행동은?　놓다
- chair　앉을 때 벽에 세워 놓고 등을 기대는 가구는?　의자
- close　문이나 뚜껑 등을 열었다가 제자리로 가게 하는 행동은?　닫다

Day 24　130p

STEP 4 보기 의 단어를 참고하여 빈칸에 알맞은 철자를 쓰세요.

"But I have to eat less sug a r."

"But I have to eat less s a l t."

"And I have to dri n k more mi l k."

"Then, put all the f o o d in milk."

STEP 5 단어와 설명을 보고 알맞은 뜻을 쓰세요.

- sugar　단맛이 나고 물에 잘 녹는 가루는?　설탕
- salt　짠맛이 나고 물에 잘 녹는 가루는?　소금
- drink　물이나 음료 따위의 액체를 목구멍으로 넘기는 행동은?　마시다
- milk　소의 젖이기도 하며 어린 사람들이 마시는 하얀 액체는?　우유
- food　사람이 먹을 수 있는 밥이나 빵 등을 일컫는 말은?　음식

Day 25
134p

STEP 4 보기 의 단어를 참고하여 빈칸에 알맞은 철자를 쓰세요.

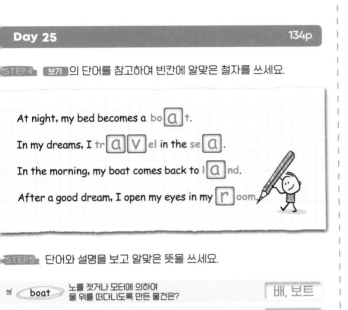

At night, my bed becomes a bo a t.

In my dreams, I tr a v el in the se a.

In the morning, my boat comes back to l a nd.

After a good dream, I open my eyes in my r oom.

STEP 5 단어와 설명을 보고 알맞은 뜻을 쓰세요.

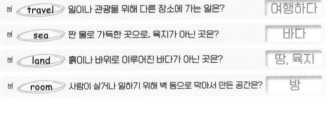

☑ boat	노를 젓거나 모터에 의하여 물 위를 떠다니도록 만든 물건은?	배, 보트
☑ travel	일이나 관광을 위해 다른 장소에 가는 일은?	여행하다
☑ sea	짠 물로 가득한 곳으로, 육지가 아닌 곳은?	바다
☑ land	흙이나 바위로 이루어진 바다가 아닌 곳은?	땅, 육지
☑ room	사람이 살거나 일하기 위해 벽 등으로 막아서 만든 공간은?	방

Review TEST 5
136 ~ 139p

TEST 1 다음 사진에 어울리는 단어를 바르게 연결하세요.

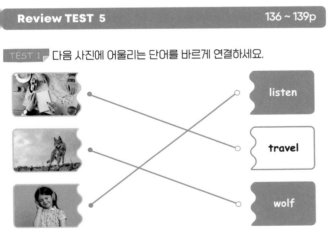

listen

travel

wolf

TEST 2 다음 상자에서 뜻에 알맞은 단어를 찾고 철자를 쓰세요.

areadacloseaelandor

| 땅 | 닫다 | 읽다 |
| land | close | read |

TEST 3 다음 단어에 알맞은 뜻에 동그라미하세요.

| think | room | together |
| 읽다 │ (생각하다) | (방) │ 밤 | 혼자 │ (함께) |

| open | talk | drink |
| 닫다 │ (열다) | (말하다) │ 듣다 | (마시다) │ 먹다 |

TEST 4 다음 사진에 알맞은 단어의 철자를 순서대로 쓰세요.

| tiagn | ricah | btao |
| g iant | chair | boat |

TEST 5 다음 단어에 어울리는 사진과 뜻을 바르게 연결하세요.

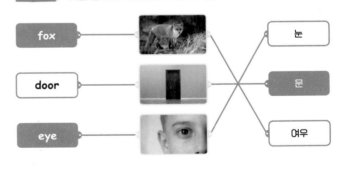

fox

door

eye

눈

문

여우

TEST 6 빈칸에 들어갈 단어를 보기 에서 골라 넣으세요.

보기 food | salt | drink | milk | sugar

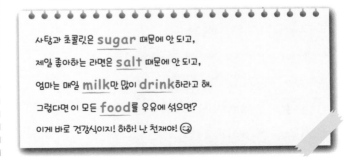

사탕과 초콜릿은 sugar 때문에 안 되고,

제일 좋아하는 라면은 salt 때문에 안 되고,

엄마는 매일 milk만 많이 drink하라고 해.

그렇다면 이 모든 food를 우유에 섞으면?

이게 바로 건강식이지! 하하! 난 천재야! ☺

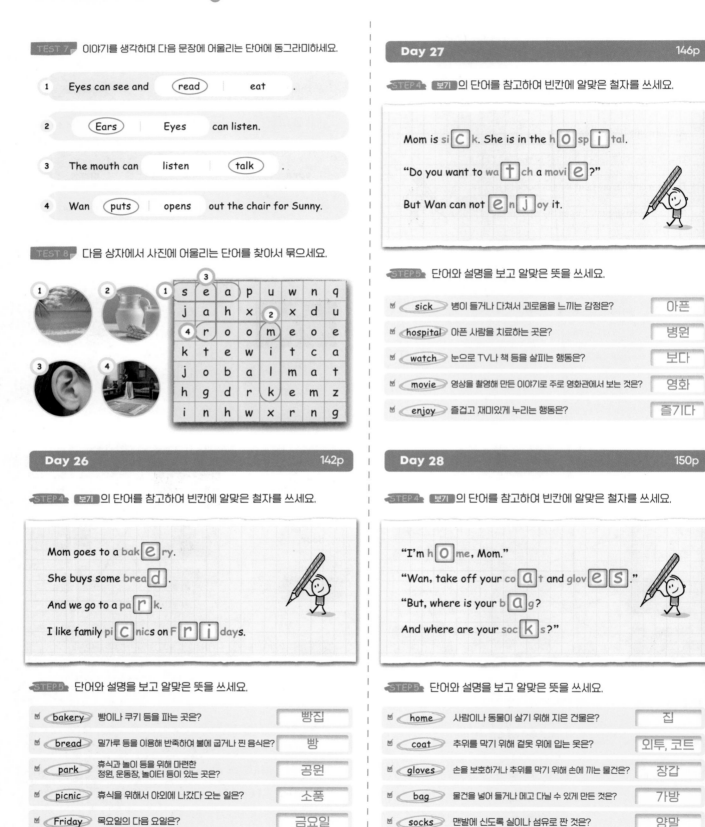

TEST 7 이야기를 생각하며 다음 문장에 어울리는 단어에 동그라미하세요.

1 Eyes can see and (read) | eat .

2 (Ears) | Eyes can listen.

3 The mouth can listen | (talk) .

4 Wan (puts) | opens out the chair for Sunny.

TEST 8 다음 상자에서 사진에 어울리는 단어를 찾아서 묶으세요.

s	e	a	p	u	w	n	q
j	a	h	x	x	x	d	u
r	o	o	m	e	o	e
k	t	e	w	i	t	c	a
j	o	b	a	l	m	a	t
h	g	d	r	k	e	m	z
i	n	h	w	x	r	n	g

Day 26　142p

STEP 4 보기 의 단어를 참고하여 빈칸에 알맞은 철자를 쓰세요.

Mom goes to a bak e ry.
She buys some brea d .
And we go to a pa r k.
I like family pi c nics on F r i days.

STEP 5 단어와 설명을 보고 알맞은 뜻을 쓰세요.

☑ bakery 빵이나 쿠키 등을 파는 곳은? 빵집

☑ bread 밀가루 등을 이용해 반죽하여 불에 굽거나 찐 음식은? 빵

☑ park 휴식과 놀이 등을 위해 마련한 정원, 운동장, 놀이터 등이 있는 곳은? 공원

☑ picnic 휴식을 위해서 야외에 나갔다 오는 일은? 소풍

☑ Friday 목요일의 다음 요일은? 금요일

Day 27　146p

STEP 4 보기 의 단어를 참고하여 빈칸에 알맞은 철자를 쓰세요.

Mom is si c k. She is in the h o sp i tal.
"Do you want to wa t ch a movi e ?"
But Wan can not e n j oy it.

STEP 5 단어와 설명을 보고 알맞은 뜻을 쓰세요.

☑ sick 병이 들거나 다쳐서 괴로움을 느끼는 감정은? 아픈

☑ hospital 아픈 사람을 치료하는 곳은? 병원

☑ watch 눈으로 TV나 책 등을 살피는 행동은? 보다

☑ movie 영상을 촬영해 만든 이야기로 주로 영화관에서 보는 것은? 영화

☑ enjoy 즐겁고 재미있게 누리는 행동은? 즐기다

Day 28　150p

STEP 4 보기 의 단어를 참고하여 빈칸에 알맞은 철자를 쓰세요.

"I'm h o me, Mom."
"Wan, take off your co a t and glov e s ."
"But, where is your b a g?
And where are your soc k s?"

STEP 5 단어와 설명을 보고 알맞은 뜻을 쓰세요.

☑ home 사람이나 동물이 살기 위해 지은 건물은? 집

☑ coat 추위를 막기 위해 겉옷 위에 입는 옷은? 외투, 코트

☑ gloves 손을 보호하거나 추위를 막기 위해 손에 끼는 물건은? 장갑

☑ bag 물건을 넣어 들거나 메고 다닐 수 있게 만든 것은? 가방

☑ socks 맨발에 신도록 실이나 섬유로 짠 것은? 양말

STEP 4 보기 의 단어를 참고하여 빈칸에 알맞은 철자를 쓰세요.

"It's C old outside!" Mom's hands are w a rm.

"It's h o t outside!"

Mom gives Wan a cup of co o l water.

w e a ther changes.

STEP 5 단어와 설명을 보고 알맞은 뜻을 쓰세요.

☑ cold	온도가 낮아서 몸이 떨리는 것은?	추운, 차가운
☑ warm	덥지 않을 정도로 온도가 알맞게 높은 것은?	따뜻한
☑ hot	온도가 높아서 땀이 날 정도는?	더운
☑ cool	덥거나 춥지 않고 알맞게 서늘한 것은?	시원한
☑ weather	그날의 비, 구름, 바람, 기온 등을 나타내는 것은?	날씨

STEP 4 보기 의 단어를 참고하여 빈칸에 알맞은 철자를 쓰세요.

When sno w and i C e melt, winter is over.

s p r ing always comes back.

Wan is t a ller.

"T h ank you, spring!"

STEP 5 단어와 설명을 보고 알맞은 뜻을 쓰세요.

☑ snow	겨울에 하늘에서 내리는 하얗고 보드라운 얼음은?	눈
☑ ice	물이 얼어서 굳어진 물질은?	얼음
☑ spring	날씨가 따뜻해지며 꽃이 피는, 여름이 오기 전 계절은?	봄
☑ tall	사람이나 사물의 길이가 보통 정도를 넘는 것은?	(키가) 큰
☑ thank	감사하게 여기는 감정은?	고마워하다

TEST 1 다음 사진에 어울리는 단어를 바르게 연결하세요.

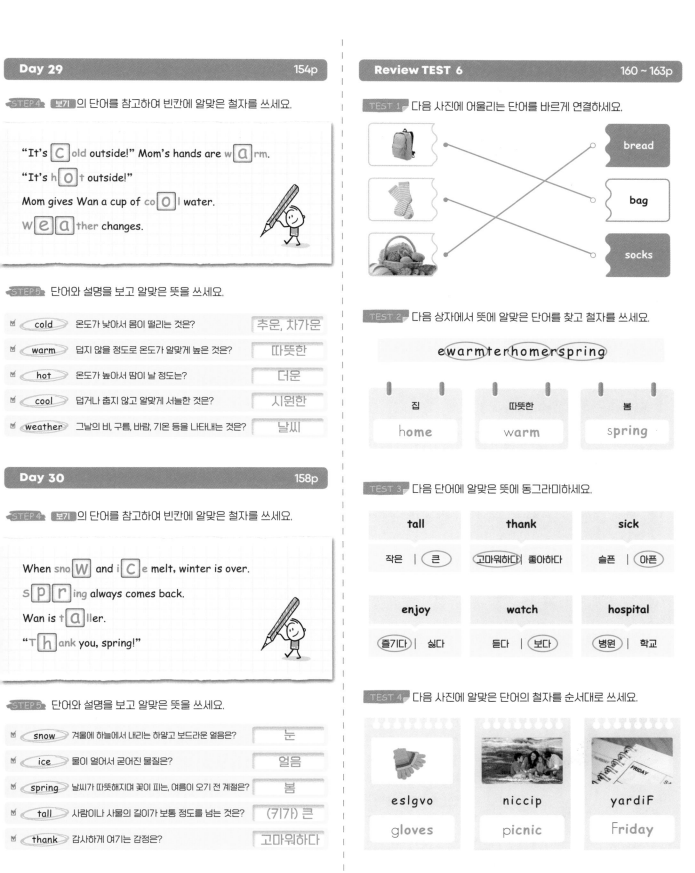

bread

bag

socks

TEST 2 다음 상자에서 뜻에 알맞은 단어를 찾고 철자를 쓰세요.

ewarmterhomerspring

| 집 | 따뜻한 | 봄 |
| home | warm | spring |

TEST 3 다음 단어에 알맞은 뜻에 동그라미하세요.

| tall | thank | sick |
| 작은 \| (큰) | (고마워하다) \| 좋아하다 | 슬픈 \| (아픈) |

| enjoy | watch | hospital |
| (즐기다) \| 싫다 | 듣다 \| (보다) | (병원) \| 학교 |

TEST 4 다음 사진에 알맞은 단어의 철자를 순서대로 쓰세요.

| eslgvo | niccip | yardiF |
| gloves | picnic | Friday |

TEST 5 다음 단어에 어울리는 사진과 뜻을 바르게 연결하세요.

hot
movie
park

영화
더운
공원

TEST 6 빈칸에 들어갈 단어를 보기 에서 골라 넣으세요.

보기   hot | weather | cold | cool | warm

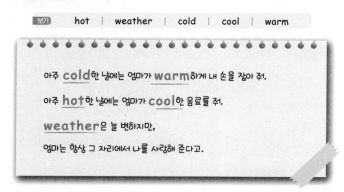

아주 cold한 날에는 엄마가 warm하게 내 손을 잡아 줘.

아주 hot한 날에는 엄마가 cool한 음료를 줘.

weather은 늘 변하지만,

엄마는 항상 그 자리에서 나를 사랑해 준다고.

TEST 7 이야기를 생각하며 다음 문장에 어울리는 단어에 동그라미하세요.

1   When (snow) | water   and ice melt, winter is over.

2   Spring always (comes) | walks   back.

3   Mom goes to a (bakery) house . She buys some bread.

4   Mom is sick. She is in the   school   (hospital) .

TEST 8 다음 상자에서 사진에 어울리는 단어를 찾아서 묶으세요.

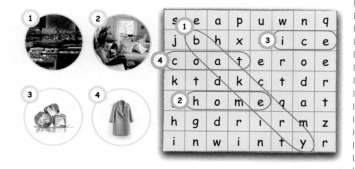

s	e	a	p	u	w	n	q
j	b	h	x	i	c	e	
c	o	a	t	e	r	o	e
k	t	d	k	c	t	d	r
h	o	m	e	q	a	t	
h	g	d	r	i	r	m	z
i	n	w	i	n	t	y	r

all 모두
angry 화난
animal 동물
ankle 발목
another 다른
apple 사과
aunt 이모, 고모
badminton 배드민턴
bag 가방
bakery 빵집
ball 공
banana 바나나
baseball 야구
basketball 농구
bathroom 욕실
bear 곰
become ~이 되다
bed 침대
bedroom 침실
bee 벌
bike 자전거, 오토바이
black 검정의, 검정
blanket 이불
blood 혈액
blue 파란, 파란색
board game 보드 게임
boat (작은) 배, 보트
boy 남자아이
bread 빵
brother 오빠, 형, 남동생
bug 벌레
bus 버스
butt 엉덩이
butterfly 나비
buy 사다
candy 사탕
cap 모자
car 자동차
castle 성

catch 잡다
chair 의자
change 변하다
cheek 볼, 뺨
chick 병아리
child 어린이
chocolate 초콜릿
Christmas tree 크리스마스트리
click 누르다, 찰칵 소리를 내다
close 닫다
clothes 의복
cloud 구름
coat 외투, 코트
cold 추운, 차가운
come 오다
come back 돌아오다
computer game 컴퓨터 게임
cook 요리하다
cookie 과자
cool 시원한
cow 소
crown 왕관
cry 울다
cute 귀여운
daddy 아빠
daughter 딸
desk 책상
dog 개
door 문
dragon 용
dragonfly 잠자리
draw 그리다
dress 드레스
drink 마시다
ear 귀
early 일찍
elephant 코끼리
enjoy 즐기다
entrance 입구

eye 눈
face 얼굴
fall 가을
fast 빠른
fat 뚱뚱한
feet(foot) 두 발(한 발)
finger 손가락
fish 물고기
fly 날다, 파리
food 음식
fox 여우
Friday 금요일
friend 친구
fruit 과일
giant 거인
girl 여자아이
gloves 장갑
go 가다
go to bed 자다
gold 금
grandma 할머니
grandpa 할아버지
grape 포도
grass 풀밭
green 초록빛의, 초록색
grow ~을 키우다
guard 경호원
guess 추측하다
hair 머리카락
hand 손
handsome 잘생긴
happy 행복한
hat 모자
hate 싫다
healthy 건강한
hello 안녕
hide-and-seek 숨바꼭질
himself 그 자신

hit 때리다
home 집
honest 정직한
horse 말
hospital 병원
hot 더운
house 집
how 어떻게
hungry 배고픈
ice 얼음
ice cream 아이스크림
jeans 청바지
kangaroo 캥거루
kick 차다
king 왕
kingdom 왕국
kitchen 부엌
kitten 새끼 고양이
knee 무릎
knight (중세의) 기사
ladybug 무당벌레
land 땅, 육지
laugh 웃다
less 덜, 더 적게
Let's ~하자
like 좋다
lion 사자
lip 입술
listen (귀 기울여) 듣다
living room 거실
long 긴
look 보다
love 사랑
lying 누워 있는
medicine 약
melt 녹다
merry 즐거운
milk 우유
mirror 거울